Las rece

Octavia Morillo de Amparo

Las recetas de
Doña Dulce

Primera Edición: marzo del 2023

ISBN: 979-8-378-90357-3

Publicado por: *kdp.amazon.com*
Correo electrónico: millyduran@yahoo.com

Diseño de portada: © **LILIANA PERALTA**
Concepto y diseño de interior: **ERVAL EDITORES**

A **Dios** por haber puesto en mi corazón el deseo
y el anhelo de plasmar las ideas que Él puso en mi
mente y en mi corazón.

A mis hijos por ayudarme siempre en todo, y por
regalarme tantos días felices. Me siento honrada de
haber traído al mundo unos hijos maravillosos,
y verlos hoy en lo que se han convertido,
hombres y mujeres de bien.

La gastronomía es el arte
de usar los alimentos para crear felicidad.
Theodore Zeldin

Una receta no tiene alma.
Es el cocinero quien debe darle alma a la receta.
Thomas Keller

Contenido

Las recetas de doña Dulce

También les dijo: *"Yo les doy de la tierra todas las plantas que producen semilla y todos los árboles que dan fruto con semilla; todo esto les servirá de alimento"*.
Génesis 1:29

El acto de cocinar para ti, para los tuyos es una experiencia única que, indudablemente, se percibe diferente. El olor a hogar, la cuchara de madera, el fogón de la abuela y la tinaja en la cocina, son elementos inenarrables a la hora de hacer un viaje a la niñez recordando la comida de casa. Ese sabor inigualable de las habichuelas de mamá. Sabores que nos acompañarán siempre.

Pero un día todo cambia, la hora del almuerzo deja de ser sagrada, las hornillas no se encienden más que una vez al día y la comida rápida empieza a apoderarse de la cocina, y de repente nuestro interior se da cuenta de que algo está faltando, el paladar empieza a extrañar los sabores de la comida tradicional, pero pasamos la página e ignoramos ese deseo con una frase común al decir: es que no tengo tiempo.

Con este libro vengo a ayudarte a maximizar tu tiempo para que puedas enseñar a los tuyos el arte de almorzar en familia. A coleccionar momentos con tus hijos y familiares con las tradicionales recetas de la abuela.

Las recetas de Doña Dulce, es un libro que nació de mi experiencia culinaria, mi amor por la familia y mi deseo de que las tradiciones se mantengan. Cocinar con amor es mi legado para todas las amas de casa.

El arroz, beneficios, propiedades y deliciosas recetas.

El arroz es uno de los alimentos que más se consumen en todo el mundo. Sobre todo en países como Asia, Oriente Medio y América Latina. En España lo consumimos como plato principal o como acompañante en la elaboración de muchas recetas gastronómicas. Sea como fuere, constituye un alimento básico que cuenta con grandes propiedades nutritivas.

Los beneficios de consumir arroz para nuestra salud son varios. Por ello, este alimento es tan famoso en otras culturas como la japonesa. ¿Sabías que la esperanza de vida en Japón es de las más altas del mundo? No es casualidad que la base de su alimentación sea el arroz. Conocer las riquezas de este producto en nuestro organismo es clave para darle al arroz la importancia que se merece en nuestra dieta.

A continuación hablaremos sobre cinco beneficios del arroz para tu salud.

Rico en energía

El arroz es un cereal abundante en carbohidratos y proteínas, lo que lo convierte en un alimento que aporta gran cantidad de energía. Su consumo aumenta la actividad metabólica gracias a las vitaminas, minerales y componentes orgánicos que o componen. Por todo ello, se recomienda su ingesta como acompañante de la actividad física.

Rico en fibra

El arroz, especialmente el integral incluye fibra que es un nutriente muy beneficioso para nuestros procesos digestivos. Este ingrediente favorece la absorción de nutrientes en el intestino y previene la aparición de estreñimiento e hinchazón estomacal. Por otro lado, su contenido en fibra provoca que sea un alimento que sacia, lo que evita los atracones de comida y el comer entre horas. ¡Un alimento delicioso y beneficioso para la salud!

Es un alimento bajo en grasa

El arroz es un cereal con baja presencia de grasa. El colesterol y el sodio no forman parte de este nutriente por lo que es un alimento ideal para llevar una dieta equilibrada.

Protege el sistema cardiovascular

Su bajo contenido en sodio y la presencia de ingredientes como el potasio favorecen la estabilidad de la presión arterial y el control de la frecuencia cardiaca. A ello, se le añade el impacto positivo que tienen su alto contenido en fibra y los bajos niveles de grasa para el corazón, ya que absorbe la abundancia de lípidos y los elimina a través del intestino. Además, el magnesio colabora en la protección de las arterias.

Previene enfermedades: cáncer y Alzheimer

La presencia del arroz en nuestra dieta puede prevenir la aparición del cáncer gracias a la función de algunos de los elementos que lo componen. La presencia de fibra, favorece el funcionamiento del sistema digestivo lo que elimina el impacto de sustancias cancerígenas en el intestino.

Del mismo modo, el arroz integral se compone de nutrientes que favorecen la aparición y actividad de neurotransmisores.

Esta característica lo convierte en un ingrediente de gran valor para prevenir enfermedades neurodegenerativas como el Alzheimer. Fuente: www.ConSalud.es

Molde de arroz con pollo

Ingredientes
1 ½ tazas de agua
1 tableta de caldo de pollo
2 pechugas de pollo
½ barra de mantequilla
1 lata de maíz
1 cucharada de sazón completo
2 cucharadas de salsa inglesa
1 ½ tazas de ají cubanela cortado en dados
8 tazas de arroz cocido como de costumbre
½ taza de crema de maíz
½ taza de queso gouda cortado en dados
½ taza de queso parmesano rallado

Preparación
Sude las pechugas en el agua con la tableta de caldo de pollo, córtelas en dados pequeños y reserve junto a líquido de cocción.

Saltee en la mantequilla, el ají cubanela y el maíz, añada las pechugas, sazón completo, salsa inglesa, líquido de cocción de las pechugas, incorpore esta mezcla de arroz junto con la crema de maíz, crema de leche , puerro y queso gouda.

Vierta la mezcla en un molde refractario previamente en mantequilla espolvoree el queso parmesano por encima y lleve al horno precalentado a 350ºF por 30 minutos o hasta al introducir un palito esté limpio.

Arroz a la Naranja

Ingredientes

1 taza de arroz lavado y escurrido

1 ½ taza de jugo de naranja

La ralladura de la cáscara de una naranja

⅓ de barrita (30 gramos) de mantequilla

3 cebollitas rebanadas

¼ taza de pasas

½ taza de almendras picadas

Sal al gusto

Preparación

Derrita la mantequilla y acitrone las cebollas.
Añada el arroz y fríalo hasta que dore ligeramente.
Agregue el jugo, ralladura, una taza de agua y sal,
tape y cocine a fuego medio.
Antes de que se evapore el agua incorpore las pasas
y almendras.
Tape y termine la cocción del arroz.

Arroz especial

Ingredientes

4 tazas de arroz cocido

2 libras de salchichas o salmón

3 cebollas grandes

2 tazas de consomé de pollo

4 cucharadas de salsa de tomate

½ taza de albahaca

1 taza de queso parmesano rallado

1 taza de queso cheddar en lasca

2 tazas de tayota rallada

2 cucharadas de mantequilla

Preparación

Muela las salchichas y sofría con la cebolla, saltee las tayotas en la mantequilla. Ponga en el fondo del recipiente para hornear las salchichas con la cebolla, luego mezcle el arroz con el consomé y la salsa.

Ponga la albahaca encima de las salchichas y luego ponga la tayota salteada, luego el parmesano y por último el queso cheddar.
Ponga al horno a 450° hasta que dore.

Arroz al cilantro

Ingredientes
2 tazas de arroz

2 tazas de consomé de pollo

2 tazas de jugo de tomate

½ barra de mantequilla

½ taza aceitunas en lasca

Sal y pimienta

Preparación
Sofreír la mantequilla la cebolla, luego ponga el arroz, después de sofreír un rato ponga las aceitunas, en seguida el jugo de tomate, consomé, la sal y la pimienta, muévalo y deje secar, al tapar ponga el cilantro.

Arroz con zanahoria y espinacas

Ingredientes
3 libras de arroz

2 ½ libras de zanahorias

1 mata grande espinacas

4 dientes de ajo picaditos

3 ajíes grandes (cubanela)

2 cebollas medianas

1 cucharada de sazón completo

¼ taza de aceite

1 ½ cucharada de sal

6 tazas de agua

Preparación
Limpie bien las zanahorias y rállelas, reserve tapadas.

Pique la cebolla y sofría en el aceite, junto con los ajíes, el ajo, sin dejar quemar, cuando esté todo acitronado ponga la zanahoria, mueva bien de antemano, ponga a hervir el agua.

Cuando esté la zanahoria mareada ponga la espinaca, lave el arroz, póngalo junto con la zanahoria y sofría sin dejar de mover y por último póngale el agua hirviendo y déjelo secar, tápelo bien y déjelo cocer.

Paella

Ingredientes

1 pollo de 2 libras
1 libra de camarones
1 libra de mero
1 libra de calamares
1 libra de vainitas y
guisantes (petit pois).
1 docena de almejas
1 lata de alcachofas
1 libra de langostinos
1 ají verde y 1 rojo
4 dientes de ajo

½ libra de jamón picadito
1 tomate maduro grande
1 libra de arroz
1 ½ litro de agua
1 cucharada de sal
1 caldo de pollo
Azafrán en hilo o pulverizado

Preparación

Picar el pollo y el mero en trozos pequeños, lávelo bien y sazone con sal, limpie los calamares y córtelos en pedacitos.

Lave y limpie los camarones, langostinos y las almejas.

Pele y pique los ajos, tomates y ajíes en tiras.

Una vez preparado los ingredientes, ponga el sartén con para sofreír los langostinos y camarones, y déjelos reposar un rato. Luego sofreír el jamón.

Luego sofreír el pollo hasta que tenga un color dorado, incorpore las almejas, los calamares y el mero sofriendo un poco, añada el ajo, los ajíes y los tomates, dejándolos sofreír y échele un poco de pimentón colorado, añada el arroz sofríalo , y luego los demás ingredientes.

Póngales el caldo colado que tiene preparado, mueva por todos los sitios para que los ingredientes se repartan, añada un pico de azafrán y ponga a fuego lento por 5 minutos, baje el fuego.

Nota: *Si compra el mero entero, haga un caldo con la cabeza y el espinazo.*

Arroz persa

Ingredientes

3 cucharadas de margarina

1 taza de cebolla blanca partida en cuadritos

2 tazas de arroz

3 tazas de agua bien caliente

3 cucharaditas de sal

½ taza de pasas sin semillas

½ taza de almendras peladas, picadas y fritas en aceite

½ libra de dátiles sin semillas y picadas

Preparación

En un caldero derrita la margarina y sofría la cebolla hasta que esté tierna, sin que dore. Añada el arroz y sofría junto a la cebolla, vierta el agua y la sal, cocinando a fuego alto hasta que seque. Reduzca el fuego al mínimo y cocine como de costumbre.

Cuando esté, revuelva con un tenedor y agréguele las pasas, las almendras y los dátiles, sirva enseguida.

Arroz con coco y nuez

Ingredientes

1 taza de arroz lavado y escurrido

1 taza de coco rallado

1 taza de nuez entera

¼ de barra de mantequilla

Sal al gusto

Preparación

Derrita la mantequilla y eche el arroz para que se dore, luego agregar coco y nuez.

Agregue 2 ¼ taza de agua y sal, tape y cocine a fuego muy bajo hasta que el arroz esté cocido.

Corona de arroz con queso

Ingredientes
2 cucharadas de aceite

¼ de taza de margarina

½ taza de cebolla picada

1 lata pequeña de hongos lonjeados y escurridos

2 tazas de arroz

2 cucharaditas de sal

3 ¼ tazas de agua caliente

¾ de taza de queso cheddar rallado

Preparación
Ponga en un caldero a calentar el aceite y la margarina ,agregue la cebolla hasta que esté tierna, luego los hongos, el arroz, la sal y el agua. Cocine como de costumbre. Cuando esté añádale media taza de queso y mézclelo bien con un tenedor.

Ponga el arroz en un molde de aluminio, untado de margarina, apriete, desmolde y distribuya resto del queso por encima, adorne con perejil.

Torta de arroz y vegetales

Ingredientes

3 tazas de arroz cocido

Coliflor

Col

1 taza de zanahoria picada

1 taza de cebolla picada

4 tiras de tocineta

1 taza de ají pimiento verde

Pimienta, sal al gusto

3 tazas de queso derretido

3 huevos

1 ½ taza de leche

Preparación

Cueza en poca agua con sal las flores de coliflor y col y las zanahorias en cubo y reserve.

Sofría las tocinetas y sáquele la grasa. Póngale la cebolla y los pimientos verdes y póngale la pimienta y rectifique la sal, póngale la leche a los vegetales para que termine de enfriar.

Mézclele todos los ingredientes con una cuchara de madera o dos tenedores, póngale los huevos y por último el queso derretido y siga mezclando, hasta que quede todo bien mezclado.

Engrase un recipiente para hornear y ponga la mezcla en el horno calentado de antemano a 350°.

Arroz con hongos y tocineta

Ingredientes

1 ½ libras de arroz blanco cocido

8 onzas de tocineta

¼ taza de aceite

2 tazas de cebolla picada

2 dientes de ajo majados con ½ cucharada de sal

1 lata de hongos de 16 onzas escurridos

2 o 3 cucharadas de salsa china (soya)

3 cucharadas de puerro picado

Preparación

Ponga en una sartén la tocineta para que se fría en su propia grasa. Cuando esté dorada sáquela y ponga sobre papel absorbente, píquela y reserve.

En un caldero, caliente el aceite, sofría la cebolla y el ajo hasta que estén transparente.

Agregue los hongos, luego una con el arroz, añada la salsa china y mezcle bien y por último añada la tocineta y el puerro, sirva en seguida.

Arroz frito con mariscos

Ingredientes

6 onzas de camarones cortados en rueditas

8 onzas de calamares cortados en aros pequeños

Sal y pimienta de cayena

4 cucharadas de aceite

2 cucharaditas de jengibre picadito

2 onzas de jamón en cuadritos

5 tazas de arroz cocido

⅔ taza de guisantes (petit pois)

6 puerros picaditos

3 cucharadas de salsa china

1 cucharada de salsa de pescado

Preparación

Sazone los camarones y calamares con sal y pimienta.

En el aceite sofría el jengibre hasta dorarlo, agréguele los mariscos y jamón, sofría por 2 minutos, añádale el ají, arroz y mezcle bien.

Póngale el resto de los ingredientes, mezcle bien y sirva.

Arroz imperial

Ingredientes

3 cucharadas de aceite

2 dientes de ajo majado

1 ½ taza de vainitas chinas picadas.

1 taza de zanahorias ralladas en tiras gruesas

1 ½ cucharaditas de jengibre picadito

½ taza de pasas

3 ½ tazas de arroz cocido

3 cucharadas de salsa china

1 cucharadita ajinomoto

¼ cucharadita de sal

1 cucharadita de aceite de ajonjolí

Preparación

En el aceite sofreír el ajo, las vainitas, las zanahorias, el jengibre y las pasas. Agregue el arroz, la salsa china, el ajinomoto, la sal y el aceite de ajonjolí, mezcle bien y sirva.

Arroz frito al estilo Hawaiano

Ingredientes

2 Piñas dulces y no muy maduras

½ libra de camarones pelados y picados en pedacitos de ½ pulgada

⅛ cucharadita de pimienta blanca

½ cucharadita de sal

1 cucharadita de vino blanco

¾ taza de guisantes frescos

2 huevos

4 cucharadas de aceite

1 taza de jamón cocido cortado en cuadritos

5 tazas de arroz cocido

2 cucharadas de salsa de soya

½ cucharadita de ajinomoto

Preparación

Corte las piñas arriba donde está la corona y reserve, luego sáquele la pulpa, dejándole ¼ de pulgada de la masa pegada a la cáscara, tome una taza de la masa de la piña y córtela en pedacitos de ½ pulgada, póngala por 5 minutos en un poco de agua con sal.

Escúrrala bien y reserve.

Ponga los camarones en un tazón, sazónelos con la pimienta, la sal y el vino blanco, reserve.

Hierva los guisantes por 2 minutos, escurra y reserve.

Haga una tortilla con los huevos y córtela en tiritas de ⅛ de pulgada.

Ponga a calentar el aceite en un caldero, cuando esté bien caliente, sofría los camarones por 2 minutos. Agregue el jamón y sofría por 30 segundos, inmediatamente agregue el arroz, la salsa china, los guisantes, el ajinomoto, la piña y el huevo, muévalo por un minuto. Rellene la piña con este arroz.

Coloque la tapa de la piña y sirva.

Arroz con berenjenas

Ingredientes

2 libras de arroz

2 cebollas grandes

2 ajíes dulces picados pequeños

4 tomates maduros picados

2 ajíes gustosos majados

5 berenjenas grandes

2 caldos de pollo

1 ½ cucharadita de sal

5 tazas de agua

¼ taza de aceite

Preparación

Pele y corte en cubos las berenjenas y ponga por media hora en agua de sal y saque el mayor número de semillas. Sáquelas y escúrralas bien. Ponga el agua a hervir con el caldo de pollo.

Ponga el aceite en un caldero y sofría la cebolla, los ajíes y la sal, cuando todo esté sofrito, ponga el arroz y fría junto, cuando esté bien sofrito sin dejar quemar, póngale el agua con el caldo de pollo y deje hervir y cuando esté seco, baje el fuego y cocine como de costumbre. Sirva caliente.

Arroz con chuletas al horno

Ingredientes
1 libra de arroz

6 chuletas de cerdo

2 tazas de sopa de cebolla

2 consomé de carne

1 cebolla

¼ barrita de mantequilla

1 cucharadita de sal

2 cucharadas de queso picantino rallado

Jugo de un limón agrio

Preparación
Sazone temprano las chuletas, después de lavadas con sal y jugo de limón, deje reposar por lo menos ½ hora.

Fría en abundante aceite caliente sin dejar quemar, reserve aproximadamente 1¼ de hora.

Para esta receta recomiendo usar un recipiente rectangular grande.

Luego de lavar el arroz extienda una capa en el recipiente, luego ponga las sopas, el queso rallado y las cebollas en ruedas. Coloque las chuletas cubriendo el pyrex y la mantequilla en pedacitos. Cubra con papel de aluminio y lleve al horno a 350° por una hora aproximadamente.

Arroz a la jardinera

Ingredientes

4 tazas de arroz cocido

4 cucharadas de margarina

1 taza de cebolla picadita

2 tazas de calabacines cortados pequeños

1 lata de maíz escurrido

1 taza de tomates picados

1 caldo de pollo

1 atado de perejil picado

4 dientes de ajo picados

1 cucharadita de paprika en polvo

Preparación

Saltee la cebolla en la margarina y los calabacines picaditos, agregue todos los demás ingredientes menos el arroz y cocine tapado a fuego lento hasta que los calabacines estén tiernos.

Mezcle el arroz y una todo bien. Sirva seguido decorando con perejil rizado.

Arroz al atún

Ingredientes

1 libra de arroz

3 tazas de agua

1 cucharadita de jugo de limón agrio

2 cucharadas de margarina

1 cucharadita de sal

2 cucharadas de mantequilla

⅓ taza de cebolla picadita

⅓ taza de pimientos verdes picaditos

⅓ taza de perejil picadito

1 lata de atún desmenuzado

Preparación

Cocine el arroz como lo hace corrientemente, con los 4 primeros ingredientes. Sofría en la margarina la cebolla, pimientos y perejil, agregue el atún y saltee todo junto.

Añada el arroz cocido y mezcle con un tenedor hasta que todo se una bien, sirva caliente.

Arroz al pesto

Ingredientes

2 cucharadas de aceite

3 tiras de tocineta picada

1 cebolla picadita

1 ají verde picadito

1 atado de todas las verduras picaditas

3 tomates maduros Barceló picaditos

2 ajíes gustosos majados

3 dientes de ajo majados

8 hojas de albahaca grande

1 ½ libra de arroz

4 ½ tazas de agua

1 caldo de pollo

1 cucharadita de sal

Preparación

Saltee la tocineta hasta que dore y añada el aceite. Agregue los próximos 7 ingredientes y luego sofríale el arroz.

Tenga de antemano el agua hirviendo con el caldo de pollo y la sal, incorpore a sobre el arroz y cocine como de costumbre.

Arroz con aceitunas

Ingredientes

1 libra de arroz

3 tazas de agua

1 caldo de pollo

1 cucharadita de sal

3 cucharadas de mantequilla

1 cebolla picadita

1 ají rojo picadito

3 ¼ tazas de aceitunas rellenas partidas en rueditas

3 cucharadas de queso picantino rallado

1 sobre de azafrán

Preparación

Derrita la mantequilla y saltee la cebolla y el ají rojo. Agregue el arroz y sofría.
Tenga el agua hirviendo con el caldo, sal. Agregue el arroz y el azafrán. Cocine como arroz corriente.
Después de volteado incorpórele las aceitunas con ayuda de un tenedor.
Sirva con queso picantino por encima.

Arroz con apio

Ingredientes

1 libra de arroz

1 lata de sopa de crema de apio

½ paquete de apio

1 cebolla mediana picadita

2 ajíes verdes picaditos

½ taza de jamón en cubo

3 dientes de ajo majados

3 tazas de agua

2 caldos de pollo

1 cucharadita de sal

Preparación

El apio con todo y hoja se lava bien y lo pica todo pequeño. Sofría en aceite caliente el jamón, luego agregue los demás vegetales y saltee.

Añada el apio y el arroz , mueva para que todo mezcle bien. Ponga la lata de sopa de apio y siga moviendo.

Tenga el agua hirviendo con los caldos, la sal y añádaselo a la mezcla del arroz para cocinar como lo hace corrientemente.

Arroz con almendras

Ingredientes

2 cucharadas de aceite de oliva extra Virgen

1 taza de almendras picadas

1 cebolla blanca picada

1 sobre de azafrán

1 taza de apio picadito

1 ½ libra de arroz

4 ½ tazas de agua

1 caldo de pollo

1 cucharadita de sal

1 copa de vino blanco seco

½ taza de pasas negras sin semillas

Preparación

Caliente el aceite y saltee las almendras. Retire y reserve. En ese mismo aceite sofría la cebolla y el apio. Añada el arroz y saltee hasta unir bien.

Agregue el azafrán y el vino y mueva hasta que el vino evapore. Tenga hirviendo el agua con el caldo y la sal y vierta el arroz.

Cocine como arroz corriente, ya secando este, añada las pasas y las almendras una todo bien y sirva con almendras en lascas por encima.

Arroz con arvejas y zanahorias

Ingredientes
1 libra de arroz
3 tazas de agua usando el agua de las arvejas
2 caldos de pollo
1 cucharadita de sal
2 tazas de arvejas cocidas y coladas
1 cebolla picada
1 ají dulce
4 dientes de ajo majados
1 atado de verduras mixtas picadas
4 tomates maduros Barceló picaditos
¼ libra de jamón crudo picadito
1 taza de apio picadito
2 cucharadas de aceite
1 zanahoria en cuadritos

Preparación
Ponga a hervir el agua con caldo de pollo y la sal. Limpie y lave el arroz. En el aceite sofría el jamón hasta dorar. Luego agregue la zanahoria, cebolla, ají, ajo, verduras, apio y tomates.
Saltee un poco para luego añadir el arroz y las arvejas, una bien.
Agregue el agua hirviendo y cocine como arroz corriente.

Arroz con bacalao

Ingredientes
2 libras de bacalao
Harina
1 ½ libras de arroz cocido
2 cucharadas de aceite de oliva
1 cebolla
1 atado de perejil picadito
1 pimiento rojo picado
1 lata de guisantes (petit-pois).
½ taza de salsa condimentada con ¼ de agua
2 cucharadas de queso picantino rallado
1 copa de vino blanco

Preparación
Desale y limpie el bacalao, parta en pedazos cuadrados, enharine y fría.

En el aceite de oliva caliente saltee la cebolla, perejil, pimiento, luego el vino y únale el arroz y la lata de petit-pois escurrida.

En un pyrex engrasado ponga una parte de la salsa condimentada ya unida con el agua, rocíe queso y vierta el arroz prensando bien.

Coloque encima el bacalao y por último el resto de la salsa y queso.

Tape con papel aluminio y lleve al horno a 375° a gratinar.

Arroz con tocineta (Bacon)

Ingredientes
¾ paquetes de tocineta

1 taza de cebolla picadita

1 taza de apio

1 taza de ajíes rojos y verdes (picaditos)

1 libra de arroz

3 tazas de agua

2 caldos de pollo

1 cucharadita de sal

¼ cucharadita de pimienta

Preparación
Sofría el bacón en la misma grasa que va destilando. Cuando comience a dorarse añada la cebolla, apio, ajíes y saltee un poco.

Luego mezcle el arroz y siga moviendo. Agréguele la pimienta.

Tenga hirviendo aparte el agua con los caldos y la sal. Una al arroz y deje cocinar destapado hasta que seque a fuego alto, luego tape y baje el fuego hasta que termine la cocción para voltear.

Arroz navideño

Ingredientes

4 ½ tazas de agua

2 libras de arroz

2 sobre de azafrán

1 taza de almendras

1 taza de avellanas

1 taza de nuez

1 ½ taza de pasas

2 tazas de manzanas picaditas

1 taza de pimientos rojos picaditos

1 taza de pimientos verdes picaditos

1 cucharada de sal

2 caldos de pollo

3 cucharadas de aceite de oliva

Preparación

Sofría el arroz en el aceite de oliva, ponga el agua a hervir con el caldo de pollo, la sal y el azafrán. Cuando el aceite esté bien sofrito, incorpórele el agua hirviendo, deje hasta que seque destapado a fuego alto, luego baje el fuego y deje que termine la cocción.

Ponga a sofreír con 1 taza de aceite las almendras, nuez, avellanas, los ajíes y las pasas sin dejar quemar y por último las manzanas picadas.

Cuando el arroz esté cocido, bájelo del fuego, sáquelo en un recipiente hondo y mézclelo con los demás ingredientes, sírvalo caliente.

Arroz villancico

Ingredientes

4 tiras de tocineta picadas

2 caldo de pollo

½ taza de perejil picado

½ taza de puerro picado

3 tazas de arroz

2 cucharadas de ajo y cebolla molida

4 tazas de agua caliente

⅛ cucharita de colorante amarillo (opcional)

½ taza de pasas

⅓ taza de almendras laqueadas

⅓ de uvas sin semillas

Preparación

Fría la tocineta, tritúrelas y reserve. En el mismo caldero, sofría los caldos de pollo, ¼ taza de perejil, ¼ de puerro y el arroz por 5 minutos.

Disuelva el ajo, la cebolla y el colorante en el agua caliente e incorpore al sofrito, mezcle y cocine como arroz corriente. Cuando esté listo incorpore el perejil y el puerro restante junto con las almendras, las pasas y las uvas, mezcle bien y sirva.

Arroz con calamares

Ingredientes

1 libra de arroz

2 latas de calamares en aceite

5 tazas de agua

½ taza de aceite de oliva

1 cebolla

1 ají grande cubanela

3 dientes de ajo

1 cucharadita de sal

Preparación

En el aceite caliente sofríanse la cebolla y el ají, picados finamente y el ajo muy bien machacado. Agréguense los calamares con el aceite de la lata, cocínelos durante unos minutos. Agréguele el arroz ya lavado y revuélvalo con el sofrito durante unos minutos para después echarle el agua hirviendo con la sal, tapándose bien hasta que empiece a abrir el grano terminándose de cocinar a fuego muy bajo.

Al momento de servirlo eche el arroz en un molde hondo y alargado que deberá estar engrasado con aceite. Comprima bien el arroz con la cuchara, para ser volteado en la fuente en que se va a servir, adórnese con huevos duros, aceitunas rellenas cortadas en lasquitas y berro alrededor de la fuente.

Arroz con fideos

Ingredientes
1 libra de arroz
2 rollos de fideos
1 caldo de pollo
¾ barra de mantequilla
1 cucharadita de sal
3 tazas de agua
1 cucharadita ajo molido
1 cucharada de puerro picado
1 cucharada de perejil picado
1 cucharada cilantrito picado

Preparación
En el caldero donde cocinas el arroz derrita la mantequilla y sofría en él las verduras picadas, el ajo majado y los rollos de fideos hasta que haya dorado sin dejar quemar.

Agréguele el arroz y sofríalo un poco sin dejar de mover hasta que haya unido bien con los fideos y le agregará el agua que la tendrá ya aparte hirviendo con la sal y el caldo de pollo, moviendo dos veces.

Cuando haya forjado unos hoyitos en la superficie, baje el fuego a lento, tape y deje cocinar por 15 minutos.

Para voltearlo mueva del centro hacia afuera para que así todo el arroz quede suelto, tape y deje cocinar por 5 o 10 minutos más.

Arroz griego

Ingredientes
2 tazas de repollo picado
1 cebolla grande picada
1 barrita mantequilla
1 ½ masa de cerdo picada
1 cucharadita de ajo en polvo
Jugo de dos limones agrios
1 cucharadita de sal
1 cucharadita de salsa inglesa o china
1 libra de arroz
3 tazas de agua
1 caldo de carne

Preparación
Sazone la carne partida en cuadritos con limón, sal, salsa china y ajo en polvo. Deje reposar por media hora.

Fría aparte y sin dejar quemar y reserve.

En un caldero que quepa el arroz cocido derrita la mantequilla y sofría la cebolla, luego repollo hasta que haya ablandado, siga con el arroz sofriendo un poco más.

Añada la carne y una bien.

El agua la habrá puesto a hervir con caldo y se la agrega al arroz, mueva dos veces y cocine como arroz corriente.

Sirva acompañado de plátanos y ensalada de tomates.

Arroz mandarín

Ingredientes

½ taza de arroz

1 taza de agua hirviendo

1 cucharadita de sal

½ libra carne de cerdo cortado en cubitos

½ libra carne de chivo o jamón en cuadritos

4 cucharadas de aceite

1 ½ taza de apio picado

1 ½ taza de cebolla picada

½ taza ajíes verdes picados

½ taza ajíes rojos picados

1 lata sopa de hongos

2 cucharadas de salsa china

Preparación

Cocine arroz con el agua y sal. Dore las carnes en la grasa caliente, luego añada apio, cebolla y ajíes, se unen bien y vierta el arroz.

Diluya la crema de hongos con la lata de agua y la salsa china y una todo el arroz.

Vierta en pyrex engrasado y lleve al horno tapado el pyrex con papel de aluminio para que no se seque. Horneé a 350° por 1 hora y 15 minutos.

Arroz con pulpo y brócoli

Ingredientes

1 libra de arroz

2 libras de pulpo

1 paquete de brócoli crudo

1 cebolla picada

1 ají verde picado

3 tomates maduros Barceló picados

1 caldo de pollo

2 cucharadas de aceite

½ cucharada de turmeric (opcional)

1 cucharada de sal

Preparación

Lavar el pulpo con limón agrio, hervir con una cucharada de sal y picar muy pequeño.

El brócoli lo tiene picado.

Caliente el aceite y saltee cebolla, ajíes, verduras y tomates. Agregue el pulpo y el arroz y sofreír por unos minutos.

El agua que la tendrá hirviendo con el caldo de pollo, sal y turmeric, se la echa al arroz para cocinar como lo hace corrientemente. Cuando voltee agregue el brócoli y termine su cocción.

Arroz con pulpo y coco

Ingredientes

1 pulpo mediano
3 ó 4 limones agrios
1 cucharada de sal
1 hoja de laurel
3 granos de mala-
gueta
1 cebolla grande pi-
cadita
1 ají grande picadito
1 atado de todas las
verduras picaditas
4 tomates Barceló
maduros picaditos

4 dientes de ajo maja-
dos
1 cucharadita de oré-
gano en polvo
1 cucharadita de sal
1 caldo de pollo
1 libra de arroz
1 taza de leche de
coco pura
2 cucharadas de
aceite
Agua

Preparación

Lave el pulpo con los limones agrios y póngalo a hervir con dos tazas de agua y los cuatro primeros ingredientes. Parta en trozos no muy pequeños y reserve el agua colada.

En aceite caliente saltee la cebolla, ají, verduras, tomates y ajo.

Agregue el arroz y sofría, añada el pulpo.

La leche de coco la completa con agua hasta llegar a 3 tazas. Póngala a hervir con caldo de

pollo, sal y orégano. Ya hirviendo eche el arroz y cocine corrientemente.

Arroz con calamares

Ingredientes
1 libra de arroz
2 latas de calamares en aceite
5 tazas de agua
½ taza de aceite de oliva
1 cebolla
1 ají grande cubanela
3 dientes de ajo
1 cucharadita de sal

Preparación
En el aceite caliente sofríanse la cebolla y el ají, picados finamente y el ajo muy bien machacado. Agréguense los calamares con el aceite de la lata, cocínelos durante unos minutos, agréguele el arroz ya lavado y revuélvalo con el sofrito durante unos minutos para después echarle el agua hirviendo con la sal, tapándose bien hasta que empiece a abrir el grano terminándose de cocinar a fuego muy bajo.

Al momento de servirlo eche el arroz en un molde hondo y alargado que deberá estar engrasado con aceite.

Comprima bien el arroz con la cuchara, para ser volteado en la fuente en que se va a servir, adórnese con huevos duros, aceitunas rellenas cortadas en lasquitas y berro alrededor de la fuente.

Arroz con fideos

Ingredientes

1 libra de arroz
2 rollos de fideos
1 caldo de pollo
¾ barra de mantequilla
1 cucharadita de sal
3 tazas de agua

1 cucharadita ajo molido
1 cucharada de puerro picado
1 cucharada de perejil picado
1 cucharada cilantrito picado

Preparación

En el caldero donde cocinas el arroz derrita la mantequilla y sofría en el las verduras picadas, el ajo majado y los rollos de fideos hasta que haya dorado sin dejar quemar, agréguele el arroz que tendrá bien lavado y sofríalo un poco sin dejar de mover hasta que haya unido bien con los fideos y le agregará el agua que la tendrá ya aparte hirviendo con la sal y el caldo de pollo, moviendo dos veces.

Cuando haya forjado unos hoyitos en la superficie, baje el fuego a lento, tape y deje cocinar por
15 minutos.
Para voltearlo mueva del centro hacia afuera para que así todo el arroz quede suelto, tape y deje cocinar por 5 ó 10 minutos más.

Arroz griego

Ingredientes
2 tazas de repollo picado
1 cebolla grande picada
1 barrita mantequilla
1 ½ masa de cerdo picada
1 cucharadita de ajo en polvo
Jugo de dos limones agrios
1 cucharadita de sal
1 cucharadita de salsa inglesa o china
1 libra de arroz
3 tazas de agua
1 caldo de carne

Preparación
Sazone la carne partida en cuadritos con limón, sal, salsa china y ajo en polvo. Deje reposar
por media hora.
Fría aparte y sin dejar quemar y reserve.
En un caldero que quepa el arroz cocido derrita la mantequilla y sofría la cebolla, luego repollo hasta que haya ablandado, siga con el arroz sofriendo un poco más.
Añada la carne y una bien.
El agua la habrá puesto a hervir con caldo y se la agrega al arroz, mueva dos veces y cocine
como arroz corriente.
Sirva acompañado de plátanos y ensalada tomates.

Arroz mandarín

Ingredientes

½ taza de arroz
1 taza de agua hirviendo
1 cucharadita de sal
½ libra carne de cerdo cortado en cubitos
½ libra carne de chivo o jamón en cuadritos
4 cucharadas de aceite
1 ½ taza de apio picado
1 ½ taza de cebolla picada
½ taza ajíes verdes picados
½ taza ajíes rojos picados
1 lata sopa de hongos
2 cucharadas de salsa china

Preparación

Cocine arroz con el agua y sal. Dore las carnes en la grasa caliente, luego añada apio, cebolla y ajíes, se unen bien y vierta el arroz.

Diluya la crema de hongos con la lata de agua y la salsa china y una todo el arroz.

Vierta en pyrex engrasado y lleve al horno tapado el pyrex con papel de aluminio para que no se seque. Horneé a 350° por 1 hora y 15 minutos.

Arroz con pulpo y brócoli

Ingredientes
1 libra de arroz

2 libras de pulpo

1 paquete de brócoli crudo

1 cebolla picada

1 ají verde picado

3 tomates maduros Barceló picados

1 caldo de pollo

2 cucharadas de aceite

½ cucharada de turmeric (opcional)

1 cucharada de sal

Preparación
El pulpo lo lava con limón agrio, lo hierve con una cucharada de sal y lo pica o muy pequeño.
El brócoli lo tiene picado.
Caliente el aceite y saltee cebolla, ajíes, verduras y tomates. Agregue el pulpo y el arroz, sofría un poco.
El agua que la tendrá hirviendo con el caldo de pollo, sal y turmeric, se la echa al arroz para cocinar como lo hace corrientemente.
Cuando voltee agregue brócoli y termine su cocción.

Arroz con pulpo y coco

Ingredientes

1 pulpo mediano
3 ó 4 limones agrios
1 cucharada de sal
1 hoja de laurel
3 granos de mala-
gueta
1 cebolla grande pi-
cadita
1 ají grande picadito
1 atado de todas las
verduras picaditas
4 tomates Barceló
maduros picaditos

4 dientes de ajo maja-
dos
1 cucharadita de oré-
gano en polvo
1 cucharadita de sal
1 caldo de pollo
1 libra de arroz
1 taza de leche de
coco pura
Agua
2 cucharadas de
aceite

Preparación

Lave el pulpo con los limones agrios y póngalo a hervir con dos tazas de agua sin dejar de pasar de cocción. Agregar los cuatro primeros ingredientes. Reserve el agua colada, parta en trozos no muy pequeños.

En aceite caliente saltee la cebolla, ají, verduras, tomates y ajo. Agregue el arroz y sofría, añada el pulpo.

La leche de coco la completa con agua hasta llegar a 3 tazas. Póngala a hervir con caldo de pollo, sal y orégano, luego eche el arroz y cocine corrientemente.

Arroz con sopa de ostras

Ingredientes

1 cebolla picadita

1 ají picadito

1 atado de verduras mixtas picaditas

4 tomates maduros Barceló picaditos

3 cucharadas de aceite

2 libras de arroz

2 latas de sopa de ostras (oyster soup)

Preparación

Para hacer el consomé utilice una cabeza de pescado, sal, cinco tazas de agua y la pone a hervir. Si no, utilice natural hirviendo con dos cucharaditas de caldo de pescado y una cucharadita de sal.

En el aceite caliente sofría la cebolla, ají, verduras, tomates y agregue el arroz. Siga sofriendo, añada las sopas y el agua o consomé para cocinar como arroz corriente.

Arroz con vegetales

Ingredientes

1 ½ libra de arroz
4 ½ taza de agua
1 caldo de pollo
1 cucharadita de sal
1 cebolla grande picadita
1 ají cubanela picadito
1 paquete de puerro picadito

1 taza de jamón crudo picadito
2 tazas de zanahoria cocida y picada en cubo
1 paquete de vainitas picaditas
1 lata pequeña de guisantes (petit pois)
1 lata pequeña de maíz dulce en granos

Preparación

Ponga a ablandar la zanahoria y las vainitas en olla a vapor preferiblemente. El agua, ya sea en la que haya salcochado los vegetales junto con el agua de las latas, las mide y si no llega a tres tazas la completa con agua natural. Le une el caldo y la sal para poner hervir.

En suficiente aceite saltee el jamón, cebolla, puerro y ajíes hasta abrillantar.

Agregue el arroz bien lavado y seco. Saltee hasta unir bien. Añada el agua hirviendo y cocine como un arroz corriente. Al momento de voltearlo agregue los vegetales unidos.

Tape para terminar la cocción.

Arroz estilo chino

Ingredientes

¼ libra de jamón crudo

1 cebolla picada

1 ají dulce picado

2 tallos de apio picado

3 tomates maduros
Barceló

1 lata de vegetales chinos (chop suey)

1 lata de sopa de camarones

½ taza de salsa china

1 caldo de pollo

1 libra de arroz

3 tazas de agua

1 cucharadita de sal

Preparación

Sofría el jamón en el aceite caliente y agregue la cebolla , apio, ají y tomates.
Saltee para agregarle la lata de vegetales, la sopa de camarones, caldo de pollo y la sal. Una bien.

Añada el arroz. Mezcle todo bien y por último el agua hirviendo con sal para dejar cocinar como arroz corriente.

Arroz frito

Ingredientes

½ taza de aceite

5 tazas de arroz cocido graneado

5 onzas de jamón cocido en cuadritos

1 taza de cebolla blanca picadita

1 atado de puerro picadito

5 huevos batidos

¼ taza de salsa de soya

Preparación

En un caldero caliente el aceite, saltee el jamón, la cebolla y el arroz a fuego moderado por unos tres minutos y agregue el puerro.
Bata los huevos y agréguelos al arroz.
Mueva con un tenedor hasta que estos se hayan cocido, luego añada la salsa de soya y mezcle hasta unir bien.
Sirva seguido.

Arroz relleno con vegetales

Ingredientes
2 libras de arroz cocido

⅓ cucharada de turmeric

1 taza de vainitas picadas y cocidas

1 taza de zanahorias picadas y cocidas

1 lata de maíz en grano escurrido

2 tazas de repollo picado no muy pequeño y cocido

1 ½ tazas de salsa bechamel preparada

1 cucharada de mantequilla

½ taza de queso parmesano rallado

Preparación

Una la salsa bechamel a los vegetales.
Al arroz cocido agregue la mantequilla y el queso parmesano rallado. Una bien.
En un molde engrasado ponga bien prensado la mitad del arroz.
Coloque los vegetales y ponga el resto del arroz apretando bien.
Voltee en una fuente cuidadosamente y decore a su gusto, sirva seguido.

Arroz con maíz

Ingredientes
1 libra de arroz cocido
1 caldo de pollo
1 lata de maíz en crema
8 onzas (½ libra) de queso crema tipo Philadel-
phia
1 lata de leche evaporada
½ barrita de mantequilla
1 cebolla picadita pequeña
1 ají verde dulce picadito pequeño
½ atado de puerro picadito
2 cucharadas de queso parmesano o picantino

Preparación
Cocine el arroz con el caldo de pollo como lo hace corrientemente.

Sofría en la mantequilla la cebolla, ají y puerro en la forma indicada. Agregue el queso crema hasta que desbarate y luego la lata de maíz en crema.

Por último la leche evaporada con el queso parmesano.

Ponga el arroz en un envase y le une la crema.

En un pyrex engrasado vierta el arroz para llevar al horno a gratinar hasta que el queso derrita.

Sirva seguido.

Asopao de guandules

Ingredientes
1 libra de guandules
1 libra de arroz
3 cucharadas de aceite
½ libra de jamón crudo o tocineta
1 cebolla grande picadita
1 ají dulce picadito
2 atados de verduras
4 tomates maduros Barceló picados
6 dientes de ajo majados
4 ajíes gustosos majados
5 tazas de agua
1 caldo de pollo
1 cucharadita de sal

Preparación
Ablande los guandules y utilice (preferiblemente) esa agua para hacer el asopao.

En el aceite caliente sofría el jamón o tocineta picada. Agregue la cebolla, ajíes, verduras y tomates para hacer un escabeche.

Cuando esté listo agregue los guandules y luego el arroz. Cuando vaya a voltearlo añada el ajo majado con el poquitico de cilantrico, para darle el toque exquisito a este asopao.

La cantidad de arroz que utilice depende de la clase de arroz para que quede asopao y no aplastado.

Locrio de pollo y chuletas

Ingredientes

1 pollo guisado con mucha salsa

6 chuletas ahumadas

1 cebolla picada

1 atado de verduras mixtas

1 cucharada de pasta de tomate

2 pastillas de caldo de pollo

3 cucharadas de aceite

2 libras de arroz

6 tazas de la salsa de pollo completada

Preparación

En el aceite caliente sofría las chuletas.

Saque y reserve. En ese mismo aceite saltee la cebolla y verduras.

Agregue la pasta de tomate y sofría un poco más.

Agregue el agua, caldo y chuletas. Deje que hierva.

Rectifique la sal. Añada el arroz para cocinar como arroz corriente.

Al momento de voltear el arroz, coloque el pollo por encima y termine la cocción.

Moro con chicharrón

Ingredientes

1 ½ libra de arroz
¾ libra de habichuelas negras
1 ½ libras de capa de cerdo
6 tazas de agua
1 cebolla picada
1 ají picado

4 dientes de ajo majados
1 atado de verduras mixtas picadas
1 cucharada de vinagre
1 cucharadita de sal
2 caldos de pollo

Preparación

Ablande las habichuelas en el agua, ya blandas, cuele y reserve.

Ponga a hervir 5 tazas del agua de las habichuelas, con sal y los caldos.

La capa de cerdo limpie bastante de la grasa y sazone con sal y agrio de naranja, fría en pedacitos de 2 pulgadas hasta que queden tostaditas. Reserve.

En dos cucharadas de la grasa del chicharrón, saltee la cebolla, ají, ajo y verduras. Añada el arroz y sofría.

Una las habichuelas y el agua hirviendo para cocinar como arroz corriente.

Al momento de servir, únale los chicharrones para que permanezcan crujientes.

Arroz con pescado y cerveza

Ingredientes

1 pescado sabroso y limpio en filetes
2 tazas de caldo de pescado
2 tazas de arroz
1 limón, el jugo
1 cebolla picada
1 tomate picado
1 pimiento verde picado
1 cucharadita de ají molido (pimentón)

2 cucharadas de aceite
2 cucharadas de salsa de tomate
1 cucharadita de color (amarillo)
1 hoja de laurel
1 copa de vino seco
½ cerveza
Sal al gusto

Preparación

Cortar el pescado en trozos no muy grandes, rocíalos con jugo de limón, salarlos y dejarlos reposar por 10 minutos. Calentar luego el aceite en una sartén o paellera y sofreír el pescado, añadir la cebolla, el tomate y el pimentón y rehogar durante unos minutos.

Agregar entonces el ají y revolver, incorporando a la salsa de tomate, el color, el laurel, el vino, la cerveza y el caldo de pescado y rectificar el sazón. Cuando rompa a hervir añadir el arroz y cocinar hasta que esté en su punto y haya absorbido el líquido.

Dejar reposar unos minutos para servir.

Arroz a la marinera

Ingredientes

4 docenas de almejas bien lavadas
9 tazas de agua
1 libra de camarones
1 libra de langostinos
3 cebollas picadas
1 pimiento rojo picado

6 dientes de ajo machacado
1 taza de arvejas frescas
1 taza de aceite
2 libras de arroz
Sal y pimienta al gusto

Preparación

En una taza de agua cocinar al vapor las almejas hasta que abra; colar este caldo para extraer trocitos de concha o partículas de arena.

Aparte, calentar juntos el aceite y la mantequilla y sofreír por 5 minutos la cebolla, los ajos, el ají y el tomillo. Agregar en su orden el pescado, los calamares y los camarones.

Después de 10 minutos de cocción a fuego lento, añadir las zanahorias, las arvejas y el arroz.

Mezclar suavemente y prolongar la cocción por 5 minutos.

En las 8 tazas de agua restantes, disolver la pasta de tomate y salpimentar al gusto. Agregar esta mezcla al caldero, revolver suavemente y dejar tapado a fuego lento hasta que el arroz comience a secarse. Finalmente añadir el caldo de las almejas, tapar el caldero y seguir a fuego lento hasta que el arroz quede ligeramente húmedo. Servir en caliente.

Arroz afrodisíaco

Ingredientes

2 cocos grandes
8 tazas de agua hirviendo
1 libra de camarones
1 libra de langostinos
3 cebollas picadas
1 pimiento rojo picado
6 dientes de ajo machacado
1 taza de arvejas frescas
1 taza de aceite
2 libras de arroz
Sal y pimienta al gusto

Preparación

Rallar la pulpa de los cocos y agregar 4 tazas de agua hirviendo, revolver bien y exprimir, colar y separar esta leche y al bagazo, agregar tazas de agua restantes. Conservar la leche.

Sofreír en el aceite los camarones y los langostinos junto con las cebollas, el pimiento y los ajos.
Dejar escurrir el aceite sobrante y aparte poner al fuego las 8 tazas de leche de coco.
Cuando la leche hierva, agregar el arroz, las arvejas y los elementos sofritos. Mezclar suavemente y a fuego lento cocer como un arroz corriente manteniendo la olla tapada.
Al momento de servir, se puede adornar cada plato con unos trozos de aguacates partidos.

Torta de arroz y papas

Ingredientes

1 ½ libra de arroz cocido

3 libras de papas

¼ libra de mantequilla

2 ½ taza de leche

¾ libra queso cheddar

¾ libra jamón cocido

1 lata crema de maíz

1 taza de queso parmesano

¼ taza de aceite

Sal al gusto

Preparación

Salcoche las papas con poca agua, con todo y cáscara y sal, redúzcala a puré y mezcle con el arroz cocido. Ponga la mantequilla, aceite y leche.

Engrasar un pyrex y coloca la mitad de la mezcla, poner el jamón y encima de éste poner el queso y cubrir, con el resto de la mezcla.
Poner la crema de maíz y por último el queso parmesano.
Llévelo al horno a gratinar a 350° hasta dorar.

Arroz con pollo al horno

Ingredientes
1 pollo de 2 ½ libras
Jugo de 2 limones agrios
1 ½ cucharadita de sal
3 dientes de ajo majado
1 libra de arroz
2 latas de consomé de pollo
2 latas sopa de cebolla
2 cucharadas queso picantino rallado
1 cebolla grande en ruedas
¼ barrita de mantequilla

Preparación
Parta el pollo en piezas y lave bien.

Sazone con sal, jugo de limón agrio y ajo. Deje en reposo por lo menos ½ hora.

En un caldero con abundante aceite dele color al pollo poco a poco, sin dejar cocinar, solo darle color. Reserve.

Lave bien el arroz y en un pyrex rectangular espárzalo bien cubriendo el fondo de éste. Vierta las 4 latas de sopas, coloque las cebollas en ruedas.

Rocíe con queso picantino.

Por último ponga el pollo y la mantequilla en pedacitos.

Cubra con papel de aluminio y lleve al horno a 350º por 1 hora.

Arroz a la Bolognesa

Ingredientes

1 libra de arroz
1 libra de carne molida
1 cebolla picada
2 dientes de ajo majados
3 tiras de tocineta
Perejil y albahaca picada
2 cucharaditas de sal
Pizca de pimienta
3 tomates
2 cucharadas de queso parmesano rallado
2 cucharadas de mantequilla
2 cucharadas de aceite

Preparación

Sazone la carne con sal y pimienta. Sofreír la mantequilla, el aceite, el ajo, la tocineta picada y la cebolla.

Agregue la carne sazonada y sofreír unos minutos, luego los tomates pelados y picados, perejil y albahaca, deje cocer a fuego moderado removiendo.

Cuando ya la carne haya perdido el color rojizo, agregue el arroz uniendo bien, sofría un poco
más y vierta el caldo hirviendo, cocine como arroz corriente.

Sirva roseado con el queso por encima.

Nota: Para hacer el caldo hierva las 4 tazas de agua con 2 caldos de carne o de pollo.

También si tiene huesos de carne o vísceras de pollo la puede poner a hervir.

Arroz a la remolacha

Ingredientes
2 ½ libra de arroz
1 ½ libra de remolacha
7 tazas de agua natural
2 tazas de pimientos verdes
2 tazas de pimientos amarillos
1 taza de puerro picadito
1 atado de perejil
1 cucharada de ajo machacado
1 cebolla picadita
2 tazas de almendras laqueaditas
¼ taza de aceite de oliva
2 caldos de pollo y sal al gusto

Preparación
Con el agua licúe las remolachas y cuele, luego ponga a hervir con sal y caldo de pollo.
Ponga el aceite a calentar y ponga a acitronar (marear) la cebolla, el ajo, luego ponga el arroz lavado y escurrido y sofría junto por 5 minutos.

Ponga el agua de remolacha caliente, deje secar destapado a fuego alto, cuando seque, deje cocinar tapado como de costumbre, al voltearlo ponga los ajíes, puerro, perejil y las almendras, deje cocinar 10 minutos más y sirva caliente.

Chowfan

Ingredientes

1 pollo de 1 ½ libras

2 libras de chuletas

½ libra de jamón crudo picado

1 caldo de pollo

1 ½ libra de arroz

1 ½ cucharadita de sal

4 ½ tazas de agua

1 frasco salsa china

¾ taza cebolla picada

¾ taza ajíes verdes cubanela

¾ taza puerro picadito

1 taza de tallo de apio picado

1 taza repollo picadito fino

1 taza zanahoria rallada

2 tazas vainitas salcochadas picadas

¾ taza tomates Barceló picados pequeño

2 huevos

Preparación

Parta el pollo en 4 partes, lave bien y sazone a su gusto, con cebolla, ajo, ajíes verdura, sal. Después de haber reposado por lo menos ½ hora póngalo en un caldero, cubra de agua el pollo y póngale un chorrito de aceite.

Lleve al fuego y deje sudar tapado hasta que el pollo se haya cocido. Cuando haya enfriado píquelo en cubos pequeños, cuele el agua donde sudó y reserve.

El pollo picado aparte, reserve también.

Sazone las chuletas con limones y sal después de haberlas lavado y quitarles el exceso de grasa que traen.

Déjelas reposar ½ hora, fría en abundante aceite hasta que haya pan cocido. Pique en cuadritos pequeños y reserve.

Con el caldo donde se sudó el pollo se completa con agua natural hasta llegar a las 4 ½ tazas. Se echa en una ollita con el caldo de pollo y la sal y se pone a calentar, mientras en un poco de aceite, sofría el arroz y agréguele el agua hirviendo, cocine como arroz corriente, tratando que quede graneado.

Cuando el arroz esté, saque del caldero desgranando bien con una cuchara a otro envase, para que así quede suelto sin pegotes. Reserve.

Todo esto lo puede hacer desde temprano y guardar listo para el momento de cocinar.

Modo de preparación:

En un caldero grande ponga suficiente colado del que restante de las chuletas, ya caliente sofría el jamón picadito pequeño sin dejar quemar.

Agregar la cebolla, ajíes, puerro y apio previamente reservado.

Sofría y mueva bien sin dejar quemar, ya cuando estos sazones hayan ablandado agregue los tomates bien picaditos y siga sofriendo hasta que estos hayan formado una pasta.

Luego agregue la zanahoria, vainilla y repollo, en la forma arriba indicada. Sofría y una bien hasta, que éstas hayan ablandado, entonces agregue las carnes. Por último el arroz uniendo bien con los vegetales y las carnes y agregue la salsa china a su gusto, pero debe quedar el arroz bien teñido.

Se hace una tortilla con los huevos y se pica bien finita en tiritas y se le une el arroz.
Lo sirve preferiblemente en olla de barro redonda si la tiene y la adorna con perejil rizado y
pimientos morrones a su gusto.

LAS PASTAS

Siempre hemos creído que las pastas constituyen especialidades italianas. Su definición y adopción por nuestros países han hecho ya que se incluyan dentro de la dieta de muchos pueblos, dándonos la base para elaborar diferentes recetas.

Se han considerado pastas, los macarrones, tallarines, mostacholes, espaguetis, coditos, espirales, caracolitos, canelones, lasaña, etc.

Las pastas son fabricadas de diferentes formas, tamaños y clases con la finalidad de proporcionar variedad en la elaboración de las recetas y hacerlos más vistosos.

¿Cómo debemos cocinar las pastas?

Para cocinar 1 libra de pasta se necesitan 3 litros de agua, 1 ½ cucharada de sal y un chorrito de aceite, para evitar que el agua se derrame al hervir y se peguen.

Espere que el agua esté hirviendo para agregar o poner las pastas. Colóquelas lentamente para que el agua, continúe su hervor.

Muévalos para estar seguro de que todas las superficies se humedezcan rápidamente.

El cocimiento de las pastas puede hacerse dentro de 15 a 20 minutos.

Cuando se trate de fideos u otros productos más finos pueden estar listos en 5 minutos, nunca deje cocinar por mucho tiempo.

Deje bien ardiente, y sáquela del agua para que pare la cocción.

Canelones rellenos

Ingredientes

1 par de sesos de cabeza de cerdo, ya limpios y hervidos
1 taza de espinacas hervidas
2 pechugas de pollo sazonadas y sofritas
1 huevo crudo
1 pizca de nuez moscada
1 cucharada de queso picantino
½ paquete de canelones
Salsa bolognesa

Preparación

Muela los sesos, espinacas bien escurridas y las pechugas de pollo, agrégueles el huevo, queso, sal y nuez moscada, únalo todo bien.

Hierva los canelones de la siguiente manera: 3 litros de agua con ½ cucharada de aceite y una cucharada de sal: luego agregue los canelones lentamente para que el agua no deje de hervir. En un recipiente engrasado con mantequilla cúbrale el fondo con salsa bolognesa. Rellene los canalones con el relleno, arriba preparado, poniendo sobre el pyrex una camada de canelones y más salsa sobre ésta, con queso rallado por encima y repita en ese orden cada camada que sea necesaria procurando quede bastante salsa y queso rallado por encima.

Llévelo al horno hasta que hierva y se mojen bien, tapado con papel de aluminio para que no
se resequen ni se tuesten, se hornean a 350°.
Saque del horno para servir.

Canelones

Ingredientes

½ paquete o ½ libra de canelones

1 cucharada de sal

2 litros de agua

1 cucharada de aceite

1 libra de carne de cerdo molida

1 cebolla picada pequeña

1 ají verde dulce

3 dientes de ajo

1 cucharadita de sal

1 cucharada de salsa inglesa

1 cucharada de salsa tomate

½ taza de agua

1 lata sopa de queso

1 sobre sazón

½ taza de leche

1 huevo salcochado

1 cucharada de mantequilla

Aceitunas y alcaparras

Preparación

Hierva los canelones en los 2 litros de agua con sal y aceite.

Sazone temprano la carne con cebolla y ajíes picados pequeñitos, el ajo majado, sal y salsa inglesa, y mezcle bien.

En un caldero con 3 cucharadas de aceite caliente, sofría la carne hasta que haya perdido el color rojizo.

Diluya la salsa de tomate poco a poco a la carne hasta que haya ablandado y cocido bien, procurando le quede bien jugosa. Pique pequeñito el huevo salcochado y aceitunas y alcaparras. Reserve.
Una la sopa de queso con el sazón, leche y mantequilla. Reserve.

En un pyrex engrasado, ponga los canelones que había rellenado con el picadillo colocados uno al lado de otro para cubrir el fondo, esparza la salsa de queso por encima. Acabe con los ingredientes.
Cubra con papel de aluminio el pyrex y lleve al horno a 350° por 35 minutos aproximadamente solo a gratinar.

Nota: No deje resecar, pues el éxito de unos buenos canelones es que queden bien jugosos y no se tueste la pasta por arriba al llevar al horno, debe cubrir con papel de aluminio.

Coditos en molde

Ingredientes
½ libra de coditos
¼ taza de pimientos morrones picados
¼ taza ají verde picaditos
¼ cebolla picada
1 ⅔ leche evaporada sin diluir
2 tazas queso danés molido
4 huevos
1 taza de pan rallado
1 caldo de pollo

Preparación
Hierva los coditos con sal y escurra.
Ponga a calentar la leche con el queso moviendo hasta que éste derrita y quede una crema suave.

En un envase grande una a los coditos la salsa de queso, los ajíes y cebolla picados, la mantequilla en pedacitos, los huevos batidos y el pan.
Vierta en un pyrex engrasado para pan de 10"x5x3". Horneé a 350º en horno previamente caliente durante 50 minutos aproximadamente.

Saque del horno y deje reposar 10 minutos. Vierta el molde en fuente alargada y para servir corte rebanadas gruesas y decore con petit pois y tomates pequeños.

Croquetas de macarrones

Ingredientes

1 taza macarrones salcochados

1 taza salsa blanca espesa

3 huevos salcochados picados

3 cucharadas queso rallado

Pan rallado

Preparación

Se cuecen los macarrones y escurren, muélase en la máquina. Pique los huevos y una a la pasta junto a la salsa blanca y el queso rallado. Una todo bien.

Deje enfriar en la nevera hasta que se pueda manejar fácilmente.
Forme las croquetas y empanice, pasando por pan o galletas ralladas.
Fría en abundante aceite caliente.
Se sirven fritas secas o puede variarlas, sirviéndolas con salsa de espaguetis.

Lassagna

Ingredientes

12 tiras de lassagna

3 ½ litro de agua

2 cucharadas de sal

Chorrito de aceite

3 tazas de leche

6 cucharadas de maicena

½ barrita de mantequilla

2 cucharadas de queso picantino rallado

1 cucharadita de salsa inglesa

1 cucharadita de sal

6 cucharadas queso picantino rallado

Picadillo o carne molida

Salsa para espaguetis

Preparación

Ponga a hervir el agua con las dos cucharadas de sal y el chorrito de aceite. Cuando el agua este hirviendo agregue lentamente las tiras de lasaña por unos 15 minutos aproximadamente.

Para la salsa la bechamel

En una olla derrita la mantequilla y baje el fuego. Agregue rápidamente la maicena hasta unir bien con la mantequilla y vaya echándole poco a poco la leche y uniendo a la vez para que de esa manera no se forme grumos.

Lleve de nuevo al fuego y mueva constantemente en forma rotativa desde el fondo de la olla hasta que la bechamel tenga una consistencia de término medio (no muy espesa).

Agregue rápidamente las 2 cucharadas de queso picantino, la salsa inglesa y la cucharadita de sal y mueva hasta que hayan unido bien a la bechamel. Reserve.

En un pyrex rectangular grande vierta un poco de la salsa de espaguetis hasta cubrir el fondo del pyrex y luego la salsa bechamel por encima. Coloque 4 tiras de la lasaña a lo largo del pyrex para cubrir por completo el fondo de éste.

Encima vierta de nuevo salsa de espaguetis cubriendo bien la lasaña, bechamel, poco de queso picantino rallado y repita el proceso en cada capa.

Cubrir con papel de aluminio para llevar al horno precalentado a 400° por 10 ó 15 minutos.

Esta porción sirve para 8 personas.

Gnocchi (ñoquis) de papas

Ingredientes
2 libras de papas salcochadas con sal

1 cucharada de mantequilla

1 huevo batido

1 libra de harina

Preparación
Hierva las papas con sal, y prepárelas tipo puré. Sin dejar enfriar, agréguele la mantequilla y el huevo batido uniendo bien.

Cierna la harina sobre la mesa para amasar dándole forma de bola. En el centro de éste anillo ponga la mezcla de las papas majadas y continue amasando hasta que sea fácil de manejar.

Divida la masa en pedazos para poderla trabajar y cúbrala para que no se reseque.

Coja un pedazo y amase bien y dele forma de culebra larga con las manos y corte en trocitos de ¾" de largo y de ½" aproximadamente de ancho, que habrá hecho la culebrita.

Según va cortando los trocitos de pedazo de masa que ha trabajado de forma a los puntos con un tenedor a cada trocito y lo pone sobre una bandeja enharinada sin juntarlos, los cubre con un paño.

Así sucesivamente hace con el resto de la masa hasta terminar.

Si lo va a salcochar para ese día un rato antes de servir tiene el agua suficiente hirviendo con sal y un caldo de pollo o carne (como la prepara para sancochar cualquier tipo de pasta) y ya con el agua hirviendo, lo echa con cuidado y por parte.

Tiene una fuente con "salsa bolognesa" cubierta con queso picantino rallado preparada cerca de su estufa, pues a medida que los ñoquis van subiendo, con una cuchara de hoyos, los va sacando de inmediato y colocando sobre la fuente preparada.

Según haya terminado de sacar los ñoquis que echó primero, pone otra parte a salcochar y lo hace igual, hasta terminar, tiene la otra parte de salsa bien caliente y cubra los ñoquis con más salsa y queso por encima. Sirva caliente.

Si los quiere conservar por más tiempo en su freezer, con ellos crudos en la bandeja enharinada póngalos a congelar en el freezer y ya duros, los pone en fundas plásticos, según la cantidad que vaya a salcochar, salcóchelos congelados. Después que haya puesto en fundas plásticas guarde de nuevo en el freezer.

Gnocchi (ñoquis)

Ingredientes

2 tazas de leche
2 huevos
½ barrita de mante-
quilla
1 cucharadita de sal

3 tazas de harina
2 cucharadas de
queso
Salsa para espaguetis

Preparación

Hierva la leche con sal y mantequilla, añada toda la harina moviendo rápidamente hasta formar una masa suave, deje enfriar e incorpore los huevos uno a uno sin añadir el siguiente hasta que la pasta no absorba el anterior, por último el queso rallado mezclando bien.

Se espolvorea la mesa y la pasta con harina y se parte en cuatro partes formando unas culebritas de aproximadamente una pulgada de ancho y parte trocitos de ½ pulgada de largo, y las coloca sobre molde enharinado.

Para salcochar pone hervir el agua con sal y los echa poco a poco en agua y los tapa, cuando hayan subido los saca con una cuchara de hoyos, los escurre en un colador y los va colocando en una fuente que le habrá puesto salsa bien caliente y queso rallado. Echa otra parte en el agua hirviendo y sigue cocinando de la misma manera hasta que hayan terminado todos;
poniendo sobre cada camada de ñoquis, salsa y queso. Pueden prepararse de espinacas de la misma forma poniendo a salcochar ¾ libras de espinacas en agua hirviendo y sal por 8 a 10 minutos.

Masa pizza

Ingredientes

½ taza de agua

1 cucharada azúcar preferiblemente crema

1 cucharada de levadura

½ taza de leche

3 cucharadas de grasa

½ cucharadita de sal molida

3 tazas de harina

Preparación

Al agua medio tibia agréguele, azúcar y levadura; deje reposar en lugar libre de corriente de aire, por 10 minutos aproximadamente.

A la leche tibia agréguele la sal y la grasa, luego forme una masa y haga una bola y colóquela en una bandeja engrasada tapada con un plástico.

Deje elevar por 40 minutos, luego proceda a extenderla con sus manos hasta llegar al borde de la bandeja, lleve al horno encendido en 400 gramos aproximadamente por media hora.

Salsa para la pizza

Ingredientes

3 tomates naturales en ruedas.

1 lata salsa condimentada

1 cebolla rallada mediana

2 cucharadas de aceite de oliva.

1 cucharadita de azúcar

½ cucharadita orégano molido.

¾ de queso mozzarella

Preparación

En un caldero ponga el aceite de oliva, sin dejar calentar demasiado, sofría la cebolla y agregue la salsa condimentada y cocine un poco, ponga el azúcar y el orégano.

Coloque sobre la pizza las ruedas de tomates y sobre éstas el queso en lascas y vierta por encima la salsa. Lleve al horno a 350º por 20 ó 25 minutos.

Raviolis

Ingredientes
3 huevos

3 cucharadas de mantequilla

1 cucharada ni llena de sal

1 ¾ taza de harina

1 taza de agua fría

Preparación
Se baten las claras a punto de nieve (no seco), agregue las yemas, luego la mantequilla suavizada y luego la harina poco a poco moviendo bien con una cuchara.

Se tiene preparada el agua fría con sal y se le va echando poco a poco a la masa uniéndolo bien con las manos.

Fuera del envase amase, extienda con un bolillo y corte redondeles del tamaño de 50 centavos.

Rellene con picadillo de res, cerdo o pollo o también de queso. Si no tiene un cortador especial cubra con otra tapa apresando los bordes como si fueran pastelitos.

Salcoche como espaguetis por 20 minutos, hasta que ablanden, cuele y vierta por encima salsa de espaguetis, queso picantino rallado y sirva bien caliente.

Espaguettis con brócoli

Ingredientes
½ libra de espaguetis
½ libra de brócoli
2 libras de almejas
4 cucharadas de aceite de oliva extra Virgen
1 diente de ajo
2 anchoas conservadas en aceite
½ vaso de vino blanco seco
Sal y pimienta

Preparación
Sumerja las almejas en un recipiente con abundante agua y déjelas remojar durante algunas horas.

Escúrralas, lávelas bajo chorro de agua fría, pele el diente de ajo y tritúrelo ligeramente.

Divida el brócoli eliminando el tallo y lávelo en agua fría.

Coloque las almejas en una sartén junto con el ajo, el vino y una cucharada de aceite. Tape la sartén y colóquela a fuego alto durante algunos minutos moviéndola de vez en cuando, hasta que las almejas se hayan abierto, finalmente elimine las que no se abrieron.

Retire la sartén del fuego, escurra el líquido de cocción, cuélelo y resérvelo. Saque los moluscos de su concha, colóquelos en un recipiente (reserve algunos con concha para decorar).

En una olla grande con abundante agua, coloque la sal para hervir la pasta. Cinco minutos antes de cocinarla agregue el brócoli.

Mientras tanto, caliente el aceite restante en una sartén, agregue las anchoas bien escurridas, revuelva con una cuchara de madera, añada las almejas, el líquido de cocción anteriormente reservado y dos cucharadas del agua de cocción de la pasta.

Escurra los espaguetis, condiméntelos con la salsa de almejas reservadas. Sirva inmediatamente.

Nota: *Si gusta y para que le resulte más económico, puede reemplazar las almejas por atún.*

Pasta al bocado

Ingredientes

1 libra de coditos
⅓ barrita de mantequilla
¼ de jamón cocido
1 cebolla picada
2 berenjenas cocidas en cubos

¼ de nuez picada
½ taza de crema de leche
¼ libra de queso gouda rallado
Sal y pimienta al gusto

Preparación

Derrita la mantequilla y sofría el jamón con la cebolla hasta que ésta esté transparente.

Mezcle la pasta con la berenjena, jamón y crema condimentada con sal y pimienta.

Espolvoreé la nuez y el queso, cubra con papel aluminio. Horneé 10 minutos a 180°.

Sirva de inmediato.

Lingüinis con puerro y jengibre

Ingredientes

½ libra de lingüinis

2 Cucharadas de aceite

1 cucharada de jengibre picadito.

¾ taza de puerros cortados en pedazos de 1 pulgada.

2 ½ cucharadas de salsa de ostra.

2 cucharaditas de salsa de soya (china).

1 cucharadita de azúcar crema.

1 cucharada de aceite de ajonjolí.

Pimienta al gusto

Preparación

Hierva los lingüinis como de costumbre (deben quedar al dente). Escúrralos.
En las dos cucharadas de aceite, sofría el jengibre por un minuto.
Agregue el puerro y los lingüinis. Mezcle los demás ingredientes y añádaselos a los lingüinis.
Una bien y sirva.

Pasta cremosa

Ingredientes

1 cucharada de aceite de oliva

1 cebolla finamente picada

1 diente de ajo machacado

½ taza de caldo

¼ taza de queso gouda

1 taza de crema de leche

2 ajíes rojos picados

3 cucharadas de frutos secos triturados (nueces, almendras y maní)

1 pizca de azúcar

¾ libra pasta de su gusto.

2 cucharadas de cebollín picado

Preparación

Caliente el aceite de oliva y sofría la cebolla y el ajo por 3 ó 4 minutos.

Adicione el caldo, el queso, la crema de leche, los ajíes y la cáscara rallada de ½ limón, los frutos secos y el azúcar. Sazone y cocine durante 1 minuto.

Cocine la pasta como de costumbre, revuelva con la salsa.

Ponga por encima el cebollín.

Canelones a la crema

Ingredientes

1 paquete de canelones	2 tazas de salsa becha-
2 libras de carne de res	mel
1 lata de salsa condi-	1 lata crema de leche
mentada	3 cucharadas de queso
	parmesano

Preparación

Hierva los canelones hasta ablandar.

Sazone y guise la carne, procurando que le quede con mucha salsa. Escurra y muela la carne guisada; agregue un poco de su salsa para que el picadillo quede jugoso. Agregue los huevos, las pasas, las aceitunas y las alcaparras.

Prepare la salsa de bechamel de consistencia media y reserve.

Agregue la lata de salsa condimentada a la salsa que quedó de la carne guisada; si le queda muy espesa, agregue un poco de agua. Añádale una cucharada de queso rallado y mezcle bien. Debe obtener tres tazas de salsa.

Rellene los canelones cuidadosamente con el picadillo. Cubra el fondo del pyrex con salsa roja y bechamel, ligándolas un poco con una cuchara.

Ponga un poco de queso y coloque los canelones.

Termine con las dos salsas ligándolas poco a poco.

Bata la crema en la licuadora y espárzala bien sobre los canelones. Rocíe con queso, cubra con papel de aluminio y horneé a 400° hasta que hierva un poco sin dejar secar la salsa.

Espaguetis con Berenjena

Ingredientes

½ libra de espaguetis

1 berenjena grande

2 cucharadas de queso parmesano

Salsa para espaguetis

Preparación

Cocine los espaguetis en agua hirviendo con sal y un caldo de pollo, sin dejar pasar de cocción. (Al dente). Sáquelos y escúrralos.

Tenga preparada su salsa de espaguetis a su gusto.

Corte las berenjenas en lonjas y póngala en agua de sal por una hora, para que suelte las semillas y las manchas. Luego fríalas y escúrralas sobre papel absorbente.

Engrase un pyrex. Ponga la salsa (que debe estar bien floja), queso parmesano rallado,

espaguetis y salsa de nuevo.

Con un tenedor vaya abriendo los espaguetis para que la salsa se cuele entre ellos.

Cubra con las berenjenas y queso.

Lleve al horno a 350° hasta que el conjunto hierva.

Spaguettis con salsa al pesto

Ingredientes

1 libra de espaguetis

1 taza de espinacas cocidas y picadas

2 dientes de ajo

¼ taza de margarina blanda

¼ taza de aceite de oliva

¼ taza de agua

¼ taza de queso parmesano rallado

¼ de queso picantino rallado

½ cucharadita de albahaca seca

Preparación

Salcoche los espaguetis sin dejar pasar de cocción y escurra.

En el vaso de la licuadora, ponga las espinacas picadas, el ajo, la mantequilla, el aceite y el agua, licúe hasta obtener una mezcla suave.

Añada los quesos, la albahaca y una pizca de sal y mezcle todo bien, mezcle los espaguetis con la salsa y sirva inmediatamente.

Torta de coditos

Ingredientes

1 paquete de coditos (1 libra)
1 cebolla picada o rallada
1 ají dulce picado en cubo
½ libra de jamón picado en cubo

2 latas de sopa de tomate
1 lata de sopa de hongos
1 lata de crema de maíz
1 ½ taza de queso rallado
1 cucharada de salsa inglesa

Preparación

Salcoche los coditos y escurra bien, mezcle con los ingredientes restantes. Vierta en un pyrex engrasado. Ponga el queso rallado por encima y lleve al horno a gratinar.

Lasaña a la bolognesa

Ingredientes

½ paquete de lassagna
Jamón cocido en lonjas
3 tazas de salsa bolognesa

2 tazas de salsa blanca consistencia media
Queso parmesano rallado

Preparación

Ablande la lasaña sin dejar pasar de cocción. En una fuente engrasado, coloque en el fondo
salsa bolognesa, cubra con lasaña y así sucesivamente hasta hacer seis camadas de lasaña y cinco de jamón.
Termine con bolognesa, bechamel y queso parmesano. Lleve al horno a gratinar.

Los vegetales

Los vegetales podemos decir que son alimentos funcional porque tienen un carácter nutritivo,
dietílico, metabólico o terapéutico y también tienen un potencial para prevenir, mitigar y controlar enfermedades.
Por lo que recomendamos el uso de los vegetales en la dieta diaria para conservar la salud.

Las frutas y verduras son una parte importante de una dieta saludable. Ayudan a los niños a crecer y apoyan las funciones corporales y el bienestar físico, mental y social en todas las edades. Pueden ayudar a prevenir todas las formas de malnutrición (desnutrición, deficiencia de micronutrientes, sobrepeso y obesidad)

Apio Braseado

Ingredientes

2 tallos de apio
1 cebolla
2 zanahorias
1 tomate

2 cucharadas de margarina
½ cucharadita de sal
Pimienta al gusto

Preparación

Limpie el apio quitándole las hojas y las partes ásperas del tallo. Lave y seque bien los tallos y córtelos en dados. Corte en rodajas la cebolla, el tomate y las zanahorias.

Coloque todo en una sartén. Sazone con sal y pimienta. Póngale la margarina y cocine tapado, hasta que las verduras estén tiernas.

Mazamorra de auyama

Ingredientes

2 ½ libras de auyama
1 cucharada de sal
1 cebolla mediana
1 cucharada de vinagre

3 cucharadas de queso picantino rallado, aceite o margarina

Preparación

Salcoche la auyama sin pelar hasta que ablande; pélela y májela enseguida. Caliente aceite o margarina y ponga la cebolla picadita a sofreír. Agregue el vinagre y una cucharada de queso y muévalo. Eche la auyama y sírvalo caliente con el resto del queso.

Torta de auyama

Ingredientes
3 libras de auyama

¼ mantequilla

2 huevos

1 cucharada de queso picantino

1 libra de carne preparada como picadillo

1 cucharada de queso

Preparación
Salcoche la auyama con cáscara, así conserva su valor nutritivo y resulta más fácil de pelar.
Prepare un picadillo de carne de cerdo, res o pollo a su gusto, poniéndole pasas, aceitunas, alcaparras y huevo salcochado.

Haga un puré con la auyama salcochada y póngale la margarina, los huevos , el queso y pruebe la sal.
En un pyrex engrasado, vierta la mitad de la mezcla, rellene con el picadillo, cubra con el resto de la mezcla, rocíe con la otra cucharada de queso y lleve al horno a 350° hasta que dore ligeramente.

Enrollados de espinaca con crema

Ingredientes
30 hojas de espinacas
½ libra de pechuga de pollo deshuesada
½ taza de agua
½ cucharada de sazón de verduras
1 libra de queso crema
1 lata pequeña de crema de leche
1 taza de caldo de verduras disuelta en ½ taza de agua caliente

Ingredientes de la salsa
1 lata grande de crema de leche
½ cucharada de sazón de verduras
1 cucharada de perejil
1 cucharada de jugo de limón

Preparación
Sude las hojas de espinacas sin romperlas, reserve.
Para el relleno, sude la pechuga en la media taza de agua con el sazón de verduras, desmenúcelas junto con su propio líquido de cocción.
Añada el queso crema y la crema de leche.
Mezcle hasta conseguir una pasta homogénea.
Forme los rollitos rellenando las hojas de espinacas con la mezcla anterior.
Colóquelas en una olla con el cierre hacia abajo, báñelos con el caldo de verdura disuelto y cocínelo tapados a fuego lento por 20 minutos.

Berenjenas en primavera

Ingredientes

3 berenjenas grandes peladas y cortadas en ruedas de ¾ de pulgadas de grueso

Harina de trigo

3 huevos batidos con sal al gusto y una y media cucharada de agua

Pan rallado

Aceite

½ taza de cebolla blanca picada

½ taza de ajo picado

1 diente de ajo majado

½ taza de zanahoria picada pequeña

½ taza de apio picado pequeño

1 tableta de caldo de pollo

½ cucharadita de azúcar

1 tomate mediano de ensalada picado

Preparación

Pase las ruedas de las berenjenas por la harina, luego por los huevos y finalmente por el pan rallado, caliente el aceite en una sartén y dórelas por ambos lados, ya fritas póngalas a escurrir en un papel absorbente y coloque en una fuente.

Sofría en tres cucharadas de aceite la cebolla , el ají, el ajo, luego agregue la zanahoria por 2 ó 3 minutos, añádale el apio y deje cocer un rato, por último el caldo de pollo, el azúcar y el tomate, deje cocer un poco. Deben quedar los vegetales enteros.

Adorne con una hoja de perejil.

Berenjenas asadas al queso

Ingredientes
2 berenjenas medianas

4 tomates maduros medianos

2 ajíes verdes

2 cebollas medianas

½ libra de queso duro cheddar

1 cucharada de azúcar

1 cucharadita de sal

¼ cucharadita de pimienta en polvo

Preparación
Corte la berenjena, sin pelarla en rebanadas de ½ pulgada de espesor. En una fuente engrasado con bastante margarina ponga una camada de berenjena, luego una de tomate en ruedas, otra de ajíes picados y finalmente una de cebolla picadita.

Espolvoree con sal, azúcar y pimienta; luego una capa de queso y así sucesivamente hasta finalizar con queso.

Tape con papel de aluminio y lleve a la mitad del horno previamente caliente a 350º por 45 minutos o hasta que la berenjena esté blanda.

Berenjenas con Bechamel

Ingredientes
3 berenjenas grandes

1 cucharadita de sal

1 cucharada de harina o de maicena

1 taza de leche

2 cucharadas de queso picantino rallado

Preparación
Pele las berenjenas y pártalas no muy finas; póngalas en agua con sal y vinagre para que no se oscurezcan. Luego de un rato, séquelas y fríalas pasándolas por harina.
En una olla aparte prepare la bechamel.
Derrita la margarina y diluya la harina rápidamente, agregue la leche y deje cuajar.

Agregue sal y una cucharada de queso, mezcla bien. En un pyrex cubra el fondo con bechamel. Coloque encima las berenjenas fritas, cubra con el resto de bechamel, rocíe con queso rallado y lleve al horno a gratinar a 400°.
Sirva seguido en la misma fuente.

Soufflé de berenjenas

Ingredientes
3 berenjenas grandes

1 ¼ taza de picadillo de cerdo o res

2 huevos

3 cucharadas de pan rallado

3 cucharadas de queso rallado

Preparación
Muela la carne y cocine poniéndole un poco de salsa, aceitunas y alcaparras, dejándola bien jugosa.

Salcoche las berenjenas peladas, déjelas escurrir y májelas bien. Únales la carne y luego los huevos ligeramente batidos. Mezcle y agregue el queso y el pan.

Vierta la mezcla en un pyrex engrasado, lleve al horno a 350° por 40 minutos aproximadamente.

Colóquelo en un pyrex hondo y pequeño.

Canelones de berenjena

Ingredientes
6 berenjenas de buen tamaño (no llena)

½ libra de queso cheddar

½ taza de queso picantino

Para la salsa
2 cebollas medianas
1 caldo de pollo
1 cucharadita de azúcar
2 dientes de ajo
2 ajíes cubanela medianos

½ cucharadita de sal
3 cucharadas de aceite de oliva
4 cucharadas de salsa de tomate (puré)

Preparación
Ponga las berenjenas peladas y cortadas finas en agua de sal por media hora aproximadamente. Luego seque con una toalla de cocina.

Parta el queso cheddar en tiras y coloque en el extremo de la berenjena y enrolle. Cuando haya terminado de enrollar, coloque la salsa preparada anteriormente.

Póngale el queso parmesano por encima y llévelo al horno tapado con papel de aluminio hasta que se cuezan, luego destape con cuidado y póngalo de nuevo para que gratine.

Sírvalo caliente.

Pastel de berenjenas

Ingredientes
Tres berenjenas

Dos plátanos maduros

Cuatro mazorcas de maíz

Queso parmesano rallado

Cuatro huevos

Media libra de queso blanco

Preparación
Freír los plátanos cortados a lo largo, las berenjenas cortadas en ruedas y puestas un rato con agua de sal. Rallar el maíz y mezclar con los huevos batidos y un poco de queso rallado.

Se usa una sartén engrasada para poner un poco de huevo y maíz, luego se le va agregando una lonja de queso, una camada de plátanos, otra de berenjena y una de huevos hasta terminar las rebanadas.
Se cubren con queso rallado, pedacitos de mantequilla y polvo de galletas y se pone al horno a gratinar.

Berenjena a la parmesana

Ingredientes

Una berenjena mediana
Seis huevos
Seis lascas de jamón cocido
Una cebolla
Dos cucharadas de mantequilla
Media taza de salsa de tomate

Una taza de agua
Queso parmesano rallado
Dos huevos para empanizar
Polvo de galleta
Aceite

Preparación

Se pela la berenjena y se corta en lascas, se deja en agua un rato, se escurre bien y se pasa por huevo batido y polvo de galleta; se fríen en grasa o mantequilla hasta estar doradas.

Luego se dorar la cebolla picadita, se añade la salsa de tomate y agua, se deja cocinar a fuego lento y destapado hasta que la salsa espese bien y reduzca un poco.
Luego se le agrega sal y pimienta, se coloca una lasca de jamón y encima, se pone huevo frito, se vierte encima salsa de tomate caliente y se espolvorea con queso.

Berenjenas al huevo

Ingredientes
3 berenjenas

2 onzas de jamón

1 cucharada de salsa de tomate

Perejil

Sal al gusto

3 cucharadas de aceite

1 cebolla

4 huevos

2 dientes de ajo

Preparación
Se hace un sofrito con jamón, ajo, cebolla, perejil, la salsa de tomate y la sal.

Luego se agrega un poco de agua, se echan las berenjenas en pedacitos, se dejan ablandar y sofreír, se agregan huevos batidos y se mueve bien.

Pastel Rallay

Ingredientes

3 libras berenjena
1 libra carne molida
½ taza arroz crudo
½ taza agua
1 cebolla picada
2 dientes de ajo picado
2 tazas de salsa de tomate
1 taza de perejil

1 cucharada albahaca
½ taza de pasa
4 cucharadas aceite de oliva
1 taza queso parmesano rallado
Sal, pimienta, comino o anís al gusto

Preparación

Se hierve el arroz por 15 minutos, luego se cuela, se pela la berenjena y parte en trocitos, se le agrega sal, luego se escurre.

Se coge el ajo y la cebolla picadita, se sofríe en aceite de oliva y luego se agrega la carne molida, se deja cocer, se mueve y luego se le agrega la albahaca, sal y la pimienta.

En otra sartén echamos el resto del aceite y sofreímos las berenjenas. En una fuente echamos la berenjena, el arroz y la carne ya cocida y se agrega el perejil. Agregar la salsa y las berenjenas.
Colocar en una fuente con el queso rallado y se lleva al horno por 15 minutos.

Rollo de papas y vegetales

Ingredientes

2 ½ libras de papas peladas
1 cucharada de mantequilla
1 taza de zanahorias picadas en cuadritos pequeños hervidas con sal y escurridas
2 latas de atún en aceite escurridas

1 lata pequeña de petit pois escurrida
8 aceitunas rellenas de pimiento picadas
2 cucharadas de cebolla blanca picadita
Sal al gusto
1 taza de mayonesa

Preparación

Salcoche las papas con sal; cuando estén blandas, haga un puré con la mantequilla y deje enfriar.

Mezcle los ingredientes siguientes. Reserve.

Coloque una servilleta de cocina sobre la meseta, ponga encima de ésta un papel plástico, vierta el puré de papas y aplaste dándole forma oblonga.

Retire el papel de encima y coloque la mezcla reservada en el centro, extiéndalo sobre el puré. Dele vuelta a la servilleta y al plástico y enrolle como un brazo gitano.

Coloque en una fuente larga y cubra fin la mayonesa. Decore a su gusto. Para 6 ó 7 servicios.

Brazo gitano de papas

Ingredientes
3 libras de papas

Preparación
Salcoche las papas y haga un puré con 2 cucharadas de margarina y deje enfriar. Envuelva el puré en un pedazo de papel encerado engrasado con mantequilla derretida, extienda hasta darle forma rectangular.
Para rellenar uso el de su preferencia.
La decoración y aderezo debe ir de acuerdo al relleno. Puede hacerlo frío o caliente, gratinándolo en el horno.

Relleno de pollo
Utilice pechugas o restos de pollo guisados. Muela, condimente con alcaparra.

Relleno de pescado
Puede usar filete de mero, chillo o merluza, póngalo a hervir con cebolla, verduras, ajo, laurel, malagueta, muela y sazone con salsa de tomate preparada, puede decorar con una bechamel espesa, queso rallado y aceitunas rellenas.

Relleno de espinacas
1 libra de espinacas hervidas por 15 minutos. Escúrralas bien y píquelas. Derrita 2 cucharadas de margarina, pase por ella las espinacas y sazone con sal y pimienta. Agregue ½ taza de crema de leche (leche evaporada) y deje cocer por 3 minutos.
Puede decorar con mayonesa, rueda de huevos salcochados, pimientos morrones y aceitunas rellenas.

Rollos de papas y queso

Ingredientes

1 ½ libras de papas
2 cucharadas de mante-
quilla
4 cucharadas de queso
rallado

3 huevos
Harina
Pan molido

Preparación

Pele y sazone las papas, y haga un puré.
Agregue queso, dos yemas de huevo y las claras
batidas a punto de nieve.
Forme los bollitos y páselos por harina, huevos batidos y pan molido. Fría en abundante aceite.

Nidos de papas fritas

Ingredientes

Papas
Aceite

Preparación

Pele las papas y córtelas finas, luego póngalas en un colador y prénselas con otro colador más pequeño, apretando bien para que las papas queden con la forma de
niditos. Fríalas en abundante aceite caliente hasta que
las papas queden bien doraditas. Saque los coladores,
deje escurrir y saque los nidos, para despegar solo tiene
que dar unos golpecitos al colador.
Rellene según lo prefiera, vegetales pasados por mantequilla, puntas de espárragos, hongos, pollo picado guisado o también hágalos de un tamaño más grande para
presentar los huevos fritos.

Papas con almejas

Ingredientes

2 ½ libras de papas
¾ libras de almejas
3 pimientos rojos
1 cebolla mediana
2 dientes de ajo
1 cucharada de aceite
de oliva

1 cucharada de vino
blanco seco
Unas ramitas de aza-
frán
1 cucharada de perejil
picado
Pimienta, sal

Preparación

Lavar las almejas y ponerlas en una cacerola con el vino blanco. Taparlas y dejarlas cocer hasta que abran. Quitar las medias conchas y colar el jugo de la cocción.

Calentar 1 cucharada de aceite y rehogar los dientes de ajo enteros. Majarlos en un pilón junto con el azafrán, el perejil y 2 cucharadas de jugo de cocción.

Abrir los pimientos rojos por la mitad a lo largo, retirarles los filamentos y cortarlos en tiras.

Pelar y trocear las papas, lavarlas y escurrirlas.

Calentar el aceite restante en una cacerola y rehogar la cebolla picada.

Cuando empiece a tomar color agregar las papas y los pimientos, rehogar durante 5 minutos dándoles la vuelta varias veces. Agregar el majado del pilón (mortero) y cubrir el jugo de la cocción y agua.

Salpimentar y cocer hasta que las papas estén tiernas. Dos minutos antes de terminar la cocción añadir las almejas. Servir caliente.

Papas gratinadas

Ingredientes
2 ½ libras de papas

2 cebollas

3 tiras de tocineta

1 ají verde dulce

½ barrita de mantequilla (2 cucharadas)

2 cucharadas de aceite

2 cucharadas de queso parmesano

Preparación
Pelar y hervir las papas. Partirlas en pedazos no muy pequeños y reservar.

En la mantequilla y el aceite caliente sofría la tocineta y el ají picados pequeños.

Agregue las papas y mueva cuidadosamente.

Coloque en un pyrex y rocíe con el queso para llevar al horno a gratinar a 400 grados por 10 minutos, con el horno previamente caliente.

Sirva caliente.

Torta de papas con hongos

Ingredientes
2 libras de papas salcochadas

4 huevos salcochados

1 lata de sopa de hongos

1 lata de leche evaporada

3 cucharadas de mantequilla

3 cucharadas de queso

Preparación
Salcoche las papas, pele y parta en ruedas. Engrase un pyrex con mantequilla y coloque una camada de papas.

Mezcle la leche evaporada con la sopa de hongos, una cucharada de mantequilla y el queso.

Vierta parte de esta mezcla sobre las papas, cubra con los huevos salcochados y partidos en rueditas. Ponga de nuevo papas, el resto de la crema, y por último los otros dos huevos en la misma forma. Lleve al horno a 350° hasta que dore un poco.

Papas con perejil

Ingredientes
2 libras de papas

1 ½ taza de leche

¼ barrita de mantequilla (1 cucharada)

1 cucharada de aceite de oliva

3 dientes de ajo majados

1 cucharada queso picantino rallado

1 ramita de perejil picado

Preparación
Pele las papas y pártalas en ruedas y coloque en un caldero o una olla de fondo amplio y grueso.

Agréguele la mantequilla en trocitos, el ajo bien majado, el perejil picado pequeño; rocíe el queso y la leche y por último el aceite de oliva.

Cueza a fuego lento en su olla tapada hasta que las papas estén cocidas.

Mueva cuidadosamente sacudiendo la olla para que no se pegue.

Prepárese 1 hora más o menos antes de servirse para que así llegue caliente a la mesa sin necesidad de calentarla de nuevo.

Nota: *No las dejar secar mucho, que les queden jugosas.*

Papas con espinacas y mozzarella

Ingredientes

2 ½ libras de papas

2 ½ libras de espinacas tiernas

12 cebollines

1 diente de ajo

7 onzas de queso mozzarella

1 cebolla

1 pimiento dulce (ají) rojo

5 cucharadas de aceite de oliva

½ cucharadita de pimentón (paprika)

6 onzas de verdura ¾ taza

Pimienta

1 manojo de albahaca

¼ de libra de queso crema

Azúcar

Preparación

Lavar y cocer las papas con su cáscara unos 20 minutos en agua con sal.

Mientras tanto lavar bien las espinacas y córtales el tallo grueso y cocer en agua por 1 minuto. Luego llevar a agua fría y escurrir. Usar un paño seco para eliminar el exceso de agua.

Retire el agua de las papas y pélalas. Corta la mitad en pedacitos y apártalas para la salsa. Pele los calabacines, lávelos y córtelos en rueditas. Pele el ajo y córtelos en pedacitos. Escurrir el queso mozzarella y cortar en rebanadas finas.

Pelar la cebolla y cortarla en pedacitos, pele los pimientos, quitándole las semillas y córtalo en cubitos. Sofría ambos en una cucharada de aceite. Agregar el pimentón y el caldo y cocer tapados, unos 10 minutos a fuego lento.

Mientras tanto calentar 2 cucharadas de aceite en una sartén grande para dorar las papas.

Agrega 2 cucharadas de aceite y sofríe a fuego mediano los cebollines, el ajo y las espinacas durante 3 minutos hasta eliminar el líquido y salpimentar.

Deshoja la albahaca, córtala pequeñita e incorpórela.

Regresa ahora las papas doradas. Acomoda rebanadas de queso mozzarella por encima y sigue cociendo tapado para que se derrita el queso. Mientras mezcla el queso crema con las papas picaditas y el pimiento cortado y majar todo hasta convertirlo en puré; sazonar con sal, pimienta y un poco de azúcar. Sirve con las papas.

Papas agridulces

Ingredientes

1 ¾ libras de papas

3 cucharadas de aceite

1 cebolla grande picada

2 ajíes rojos picados

2 dientes de ajo machacados

1 cucharada de puré de tomates

2 cucharaditas de azúcar

½ taza de vino blanco

Perejil picado

Preparación

Caliente el horno con anterioridad a 220°C/425°F. Ponga las papas en una bandeja para hornear con dos cucharadas de aceite y sazónelas. Hornee durante 35 minutos o hasta que estén blandas.

Caliente la cucharada de aceite restante en una sartén, agregue la cebolla picada y cocine durante 4-5 minutos.

Adicione el ají, el ajo, el puré de tomate, el azúcar, la salsa china y cocine por 5 minutos. Añada el tomate picado y el vino; deje hervir y cocine durante 7 u 8 minutos.

Vierta sobre las papas y decore con perejil.

Tomates rellenos

Ingredientes

4 huevos
4 tomates grandes y maduros
Sal pimienta
3 cebollas pequeñas
¼ libra de jamón cocido
2 onzas de pepinos
1 manojo de perejil
3 cucharadas de mayonesa
3 cucharadas de yogur
1 ó 2 cucharaditas de jugo de limón
1 cucharadita de mostaza
Azúcar

Preparación

Cuece los huevos 10 minutos hasta que estén bien duros, enjuáguelos bajo agua fría y pélalos.

Córtales una tapita a los tomates y vacíales el interior con una cuchara, salpimiéntalos por dentro, colócalos boca abajo en papel absorbente. Pela las cebollas y pícalas menuditas junto con el jamón y los pepinos. Corta también las hojitas de perejil, dejando algunas enteras para adornar.

Mezcla la mayonesa con el yogur, el jugo de limón y la mostaza. Sazónelos con sal y pimienta y un poco de azúcar.

Pica los huevos pequeñitos (excepto cuatro rebanadas) e incorpóralos junto con la mezcla de jamón y el perejil picado.

Seca los tomates por dentro y rellénalos con la ensalada. Adórnalos con las rebanadas de huevo y las hojitas enteras de perejil. Sírvalos con pan integral.

Tomates con berenjena cremoso

Ingredientes
3 berenjenas grandes, peladas y cortadas en lonjas
4 cucharadas de aceite de oliva
Sal, pimienta
2 dientes de ajo molido
1 cebolla blanca picadita pequeña
1 ¾ tazas de crema de leche
Para los tomates
⅓ taza de aceite de oliva
3 dientes de ajo picaditos pequeños
3 cebollines picaditos
2 ½ cucharadas de vinagre blanco
1 ½ libras de tomates pelados y picados
1 ½ tazas de salsa de tomate
4 hojas de albahaca picaditas
1 cucharadita de estragón picadito
Para servirlo, póngale perejil bien picadito
Preparación
Póngale sal a las berenjenas y déjelas escurrir por 1 hora, enjuáguelas y séquelas.

Unte con 3 cucharadas de aceite las berenjenas y sazónelas con sal y pimienta. Póngalas en una bandeja y hornee a 400° por 40 minutos.

En un pyrex ponga un poco de la salsa blanca, una camada de berenjena, la mitad de la salsa roja y alrededor el resto de la salsa, berenjenas, salsa blanca y lleve al horno a 375 grados por 15 minutos.

Tomates rellenos de jamón y queso

Ingredientes

4 tomates maduros grandes

6 lonjas de jamón molido

½ taza de perejil picadito

2 tazas de queso rallado

½ taza de hojas de albahaca picaditas

1 diente de rallado

Pimienta y Sal

2 cucharadas de mantequilla

1 taza de pan rallado

3 cucharadas de queso parmesano rallado

⅓ taza de aceite de oliva

Preparación

Corte los tomates en dos, añádale sal y colóquelos en una bandeja boca abajo a reposar 1hora.

Mezcle jamón, perejil, queso rallado, albahaca, ajo, sal, pimienta y reserve.

En la mantequilla dore la taza de pan rallado y un poco de pimienta. Coloque esto en el fondo de los tomates. Póngale la mezcla reservada.

Mezcle pan y parmesano y écheselo encima. Bañe con el aceite de oliva y lleve al horno a 500 grados por 10 minutos.

Molde tomate y salmón

Ingredientes
⅔ de tomates enlatados escurridos

1 taza de salmón enlatado escurrido

1 taza de migas de pan fresco

2 huevo ligeramente batidos

2 cucharadas pimientos verdes o pepinos escurridos picados

1 cebolla picada

Sal, pimienta y pimentón (paprika)

Preparación
Precaliente el horno a 350°.
En un tazón, combine todos los ingredientes en orden.
Mezcle bien, vierta la mezcla en un molde para pan de 12,5 x 23 cm (5 x 9 pulg.) engrasado.
Coloque el molde dentro de un molde más grande, vierta agua hasta que esté firme.
Si lo desea sirva caliente con salsa de tomate o frío y rebanado acompañado con una ensalada.

Flan de tomate

Ingredientes

1 libra de tomate

1 cucharada de mantequilla

1 cucharada de harina

1 cucharadita de sal

1 diente de ajo majado

4 huevos

1 cebolla picadita

1 ramito de perejil picado

2 onzas de queso picadito

2 onzas de jamón picadito

Preparación

Hierva los tomates en un poco de agua, hasta que ablanden, pase por un colador. Dore el jamón en la mantequilla, luego la cebolla, el ajo y el perejil. Agregue la harina, los tomates y la sal; revuelva rápidamente hasta que espese.

Deje enfriar y agregue las yemas una a una, moviendo bien, luego el queso y por último las claras batidas a punto de nieve.

Horneé por una hora a baño de María.

Soufflé de tomates

Ingredientes

2 libras de tomates maduros

½ barrita de mantequilla (2 cucharadas)

1 cebolla grande blanca

2 cucharadas de maicena

2 tazas de leche

3 cucharadas de queso picantino rallado

4 huevos

½ cucharadita de nuez moscada

1 pizca de pimienta

Preparación

Sofría en una cucharada de mantequilla la cebolla cortada en ruedas, seguidamente añada los tomates pelados sin semillas y cortados en trocitos, condimente con sal y pimienta y deje que la salsa se espese durante media hora, aproximadamente.

Prepare una bechamel espesa con la mantequilla, la maicena y la leche. Retírela del fuego, agregue la sal, la nuez moscada y el queso.

A continuación la pasta de tomates y las yemas una a una. Mezcle bien.

Bata a punto de nieve las claras e incorpórelas delicadamente a la masa. Untada de mantequilla un molde para soufflé, vierta en la masa sin llenarlo para que al elevar no se derrame. Horneé a fuego moderado por una hora aproximadamente.

Pastelón de espinacas con queso

Ingredientes

2 ½ libras de papas

2 ½ libras espinacas

Sal y pimienta

1 taza de bechamel

¼ taza (2 onzas) de vino blanco seco

¾ taza (6 onzas) de crema de leche para batir

¼ libra (4 onzas) de queso gorgonzola

1 diente de ajo

Nuez moscada rallada

2 onzas de queso gouda rallado

Preparación

Hierve las papas sin pelar unos 20 ó 25 minutos en agua salada, desprenda las espinacas, lávalas y blanquéalas por unos 2 minutos en agua hirviendo con sal, tira el agua, enjuágalas bajo el chorro de agua fría, escúrrelas y exprímelas bien. Salpimentar.

Elimina el agua de las papas; deja que se refresquen y pélalas, córtalas a la mitad.

Acomoda las papas y las espinacas en un molde de pastelón (pyrex).

Dale un hervor a la salsa bechamel con el vino y la crema de leche; agrega el queso gorgonzola en pedacitos y sigue cociendo a fuego lento y revolviendo para que se derrita. Pela el ajo, córtalo bien pequeño y añádelo. Sazona esta salsa con sal y pimienta y nuez moscada. Viértala sobre las papas con espinaca.

Espolvorea con el queso gouda.

Gratina unos 10 minutos en la parte media del horno precalentado a una temperatura de 220°C (440°F).

Nota: Si no encuentra la salsa bechamel ya preparada, puedes hacerla de la siguiente manera: derrita 4 cucharadas de mantequilla y agrega 4 cucharadas de harina para hacer una pasta.

Añade 2 tazas de leche poco a poco, revolviendo constantemente y sazona la salsa con una cucharadita de sal.

Rollo de espinacas

Ingredientes

2 tazas de harina
1 huevo
2 tazas de espinacas cocidas (1 ¼ libras crudas)
1 taza de requesón
2 libras de tomates licuados
4 dientes de ajo finamente picados
1 cucharadita de orégano
1 cucharadita de albahaca
Queso parmesano rallado al gusto
Sal y pimienta al gusto
Aceite de oliva

Preparación

En un tazón mezcla ¼ de taza de aceite con la harina, huevo y sal; amasa hasta lograr una pasta, envuélvela en una funda plástica y refrigera durante 20 minutos. Fríe los ajos hasta que doren. Añade el licuado de tomate, orégano y albahaca; cocina 30 minutos o hasta que espese; retira del fuego.

Sobre una superficie limpia y enharinada extiende la pasta con un rodillo hasta formar un rectángulo de 30 x 40 cm y 5 cm de grosor.

Encima distribuya la espinaca y el requesón, sazonar con sal y pimienta; enrolla la pasta con cuidado.

Envuelve este rollo en una manta de tul o tela multiuso y sujeta los extremos con hilo cáñamo o hilaza.

Ponlo en una cacerola con agua suficiente para cubrirlo y sal ; cocínalo durante 40 minutos o hasta que esté cocido.

Retíralo, escúrrelo, quita la tela, rebánalo y sirve las porciones bañadas con salsa de tomate y queso rallado.

Bolsitas de lechuga

Ingredientes

1 ¼ lomo de cerdo

1 trozo de jengibre fresco de 4 cm rebanado en hojuelas

1 cucharada de salsa de pescado

20 ramitos cebollín delgados

2 lechugas de hojas tiernas lavadas y desinfectadas

1 pepino cortado en rodajas finas

3 cucharadas de hierbabuena fresca

3 cucharadas de hojas de cilantro fresco

2 ajíes verdes sin semillas y finamente rebanados

Salsa de limón y ajo

1 cucharada de azúcar

¼ taza de jugo de limón

1 cucharada de salsa de pescado

2 ajíes gustosos picados y sin semilla

3 dientes de ajo finamente picados

Preparación

Cocine el lomo de cerdo en agua suficiente para cubrirlo junto con jengibre y la salsa de pescado, hasta que esté suave.

Desecha el líquido, deja enfriar el lomo y deshébralo lo más finamente posible.

Sumerge los tallos de cebolla en el agua hirviendo, hasta que se ablanden, retíralos y pásalos a un recipiente conteniendo agua con hielo para la cocción. Reserva.

Coloca una hoja de lechuga extendida en un platón y pon en el centro una cucharada de carne, rodajas de pepino, un poco de hierbabuena, hojas de cilantro y un poco de ají.

Dobla la hoja de lechuga, junta los laterales y enrolla con cuidado. Amarra las puntas con un rabito de cebolla. Repite hasta terminar de hacer las bolsitas. Sirve las bolsitas bañadas la salsa de pescado.

Salsa de pescado
Preparación.

1 taza de pescado seco o camarón seco

1 taza de agua

Mezcle los ingredientes y cocine hasta que se reduzca el líquido y espese.

Debe quedar muy concentrado.

Envueltos en espinacas

Ingredientes

12 huevos
2 ½ libras de tomates
2 cucharadas de aceite
1 cucharada de jengibre rallado
1 cebolla
4 cucharadas de vinagre de manzana

¼ libra de azúcar morena
¼ taza de miel
2 ramas de canela (astilla)
1 cucharadita de pimienta negra
Sal y pimienta negra recién molida

Preparación

Calentar el aceite y rehogar la cebolla cortada en juliana fina; añadir el jengibre rallado y remover. Agregar el vinagre y la canela. Cocer hasta reducir a la mitad.

Incorporar los tomates pelados y troceados, la pimienta en grano y el azúcar, cocer a fuego lento durante 1 hora. Retirar la canela, salpimentar, agregar la miel y remover unos minutos sobre el fuego. Reservar.

Cocer los huevos en agua con sal y pelarlos con cuidado.

Hervir las hojas de espinacas enteras, en agua con sal, sacar y escurrir sobre papel absorbente, envolver cada huevo con las espinacas presionando ligeramente con los dedos para que guarden la forma y regar con la salsa caliente.

Nápoles o alquitira

Ingredientes
8 hojas de alquitira tiernas y limpias

½ taza de jugo de limón

¼ de cebolla finamente picada

½ taza de cilantro picado

1 ají

1 aguacate maduro y picado

1 taza de cátsup

Sal y pimienta al gusto

Preparación
Corte las hojas de alquitira (nopal) en cuadritos y colóquelas en un tazón.

Báñelas con el jugo de limón y dejar marinar durante 30 minutos a temperatura ambiente.

Sazonar con sal y pimienta, revuelve e incorpore la cebolla, el cilantro y el ajo. Deja marinar otros 30 minutos.

Al momento de servir añadir el aguacate y la cátsup.

Acompañe con galletas saladas y salsa picante.

Brócoli a la parmesana

Ingredientes
1 ½ libra de brócoli

3 claras de huevos a temperatura ambiente

¾ taza de mayonesa

½ taza de queso parmesano rallado

⅓ taza de perejil picado, ralladura de un limón
verde

3 cucharadas de margarina derretida

Preparación
Eche el brócoli en agua hirviendo con sal, cocine por
4 minutos, escurra con agua fría para que no se siga
cocinando ni pierda el color. Precaliente el horno a
450º .
Bata las claras a punto de nieve (hasta que haga picos).
Eche poco a poco la mayonesa, el queso, el perejil y la
ralladura del limón.
Coloque el brócoli en un pyrex rectangular de 1 ½
pulgada de preferencia. Vierta la harina, la margarina
y la mezcla de las claras con los demás
ingredientes, procurando que quede bien caliente.
Horneé hasta que esté dorado.
Sirva inmediatamente.

Tayotas rellenas

Ingredientes

6 tayotas grandes
2 huevos
½ barrita mantequilla
1 cebolla mediana picada
2 cucharadas de sal
2 cucharadas de queso rallado
Pan o galletas ralladas

Preparación

Lavar bien las tayotas por fuera y partir por la mitad a lo largo. Ponga a salcochar con agua hasta cubrirlas y las dos cucharadas de sal. Ya blandas, saque del agua, quítele la semilla y la gélida áspera que tienen en el centro, y con una cuchara sáquele la pulpa con cuidado de no romper la cáscara y vaya majando con un tenedor. Reserve las cáscaras.

Cuando tenga toda la pulpa majada, agregar los 2 huevos batidos ligeramente y lo une bien. Sofreír la cebolla picada pequeñita en la mantequilla hasta ablandarla un poco y se le agrega a la masa junto con el queso, se une todo bien.

Coloque en un pyrex grande engrasado, las cáscaras de las tayotas procurando que queden una bien pegada de la otra para que así se pueda sostener mejor y coloque una al revés de la otra. Rellene cada cáscara con la masa sin rebozar mucho, rocíe pan o galletas ralladas y llévela al horno hasta que dore.

Aves, carnes y pescados

Estos son rica fuente de proteína de alto valor para contribuir a una dieta balanceada .

Pollo al horno con lechosa

Ingredientes

6 libras de pollo
2 astilla de canela
2 cucharaditas de jengi-
bre
1 ají en polvo (1 cucha-
rada de pimentón)
2 cucharadas azúcar
Sal

Aceite de oliva
2 cucharadas de cebolla
picadita
2 lechuzas hawaianas una
sin semilla, la otra con
semilla
2 cucharadas de jugo de
limón

Preparación

Lave el pollo con todo y piel, sofría por la parte de la piel primero en el aceite de oliva, luego ponga el jengibre, la cebolla, el pimentón y la astilla de canela, luego el azúcar y el jugo de limón y por último póngale la lechosa en trozos, llévelo al horno por 35 minutos a 400 grados.

Pollo con Rosas

Ingredientes

Un pollo cortado en trozos
Pétalos de rosas silvestres
Azúcar y canela en polvo

1 vaso de vino blanco
Aceite y sal

Preparación

Freír el pollo en muy poco aceite, hasta que esté dorado. Añadirle los pétalos de las rosas, la canela, el azúcar, el vino blanco y la sal. Dejar cocer todo durante media hora, servir acompañado solo con su salsa colada.

Pollo a la Española

Ingredientes

3 ½ libra de pollo limpio, cortado en 6 piezas
2 cucharadas de aceite de oliva
1 cebolla pelada y picada
2 dientes de ajo pelados y picados
1 taza de arvejas

2 rebanadas de chuletas de cerdo cocinadas y cortadas en juliana
3 pimientos amarillos
2 pimientos rojos
2 tomates rojos limpios sin corazón partidos en mitades
1 ½ cucharada perejil fresco picado
Sal y pimienta

Preparación

Quite la piel de las piezas de pollo y sazónelas bien. Caliente 2 cucharadas de aceite a fuego medio en una sartén.

Agregue el pollo, cocine por 20 minutos a fuego lento, volteando las piezas 3 ó 4 veces durante la cocción. Retire las pechugas de pollo de la sartén y deje aparte.

Agregue la cebolla y el ajo, resto del pollo, cocine por 10 minutos más.

Regrese las pechugas a la sartén. Agregue las arvejas y las rebanadas de chuletas, cocine por 5 minutos.

Rollos de pechuga, con jamón serrano y queso

Ingredientes

4 pechugas de pollo des-huesadas

8 rebanadas de jamón se-rrano

8 rebanadas de queso gruyere

6 cucharadas de mante-quilla

4 zanahorias peladas y cortadas en rebanadas

4 pepinos pelados y cor-tados en rebanadas finas

3 tazas caldo de pollo ca-liente

2 cucharadas de maicena

6 cucharadas agua fría

Sal y pimienta

Preparación

Retire la piel de las pechugas, pártalas en mitades y quíteles la grasa. Utilice un bolillo de madera para aplanarlas entre hojas de papel encerado hasta que queden aproximadamente de 15 min (¼ de pulg) de grosor.

Sazone las pechugas y extiéndalas en una superficie de trabajo. Cubra cada una con rebanada de jamón serrano y una rebanada de queso. Doble las orillas sobre el relleno y enrolle.

Ate con un cordel (hilo grueso).

Caliente la mantequilla a fuego medio en una sartén que pueda entrar al horno. Póngale los rollos de po-llo, las zanahorias y los pepinos, sazone bien. Dore los rollos por todos los lados durante 4 minutos.

Tape y horneé de 10 a 15 minutos para que acaben de cocerse o ajuste el tiempo al tamaño.

Cuando estén cocidos , retire los rollos de la sartén y acomódelos en un platón caliente.

Ponga la sartén en la estufa a fuego alto, viértale el caldo de pollo y cocine 3 minutos.

Diluya la fécula de maíz (maicena) en el agua fría.

Agregue a la salsa y cocine 1 minuto a fuego lento. Sirva la salsa sobre los rollos.

Si le agrada, acompáñelos con papas y calabacines.

Pollo agridulce

1 clara de huevo
½ taza de harina
¼ taza de maicena
1 cucharada polvo de hornear

1 cucharada aceite vegetal
½ taza de agua
Sal al gusto (½ cucharada)

Preparación

Corta en dados las pechugas, mezcle todos los ingredientes y pase las pechugas por la mezcla y fríalas en abundante aceite.

Ingredientes para la salsa agria y dulce

⅓ taza de miel
2 cucharadas puré de tomate (salsa)
1 cucharada de vinagre

1 cucharada de aceite ajonjolí (sésamo)
1 cucharada de maicena
½ taza de agua.

Ponga todo al fuego hasta que espese moviendo constantemente.

Pechugas de pollo maceradas con miel de abejas

Ingredientes

4 pechugas de pollo deshuesadas

6 cucharadas de vinagre de vino con hierbas aromáticas

3 cucharadas de miel de abejas

4 cucharadas salsa inglesa

4 cucharaditas aceite de oliva

2 dientes de ajo pelado y picado

½ cucharadita orégano

Una pizca de tomillo

Pimienta recién molida

Preparación

Retire la piel de las pechugas y pártalas en mitades. Póngalas en un molde refractario junto con los ingredientes restantes. Cubra con una película de plástico y refrigere 1 hora.

Precaliente el asador del horno (400F).

Coloque el molde en la parrilla superior del horno y cocine el pollo 5 minutos.

Disminuya el fuego a (350ºF), voltee las pechugas de pollo y hornéelas de 10 a 12 minutos o ajuste el tiempo según el tamaño. A la mitad del tiempo de cocción voltéelas nuevamente.

Sirva con una ensalada fresca o como emparedados sobre bollos tostados.

Pollo con hongos

Ingredientes

1 pollo de 3 ½ libra limpio, cortado en 8 piezas
3 cucharadas de aceite de oliva
½ libra de hongos (en botones) frescos y limpios cortados en cuatro
3 cucharadas de vinagre balsámico
1 ½ taza caldo de pollo caliente
1 cucharada de fécula de maíz (maicena)
3 cucharadas de agua fría
1 cucharada de perejil fresco picado
Sal y pimienta

Preparación

Retire la piel de las piezas del pollo y sazónelas bien. Caliente el aceite a fuego medio en una sartén. Agregue el pollo, cocine por 18 minutos a fuego lento volteando las piezas paulatinamente.
Retire las pechugas de la sartén y deje aparte.
Cocine el resto del pollo 5 minutos en la sartén. Agregue los botones de los hongos, sazone y cocine 8 minutos o hasta que el pollo esté cocido. Retire los trozos de pollo y deje aparte. Rocíele el vinagre y aumente el fuego a alto. Cocine 2 minutos.

Viértale el caldo de pollo y cocine 2 minutos más. Diluya la fécula de maíz en el agua fría; viértala en la sartén y cocine de 3 a 4 minutos a fuego lento. Espárzale el perejil y sirva, si le agrada acompañe con espárragos.

Pollo con salchichas italianas y vino

Ingredientes

1 pollo de 3 ½ libras limpio, cortado en 6 piezas
2 cucharadas de aceite de oliva
1 pimiento verde
1 pimiento amarillo
2 salchichas italianas

2 dientes de ajo pelados y picados
1 cebolla pequeña pelada y cortada en rebanadas
½ taza de vino seco
Sal y pimienta

Preparación

Retire la piel a las piezas de pollo y sazónelas bien, caliente 2 cucharadas de aceite de oliva a fuego medio en una sartén.

Agregue el pollo, cocínelo por 18 minutos a fuego lento volteando las piezas 2 ó 3 veces durante la cocción.

Mientras tanto corte los pimientos por la mitad a lo largo y quíteles las semillas. Únteles la piel con aceite y póngalos en una hoja para hornear con el lado cortado hacia abajo; áselos de 8 a 10 minutos en el horno. Retire del horno y deje que enfríen. Quíteles la piel, rebánelos y deje aparte.

Corte las salchichas diagonalmente en rebanadas, no más gruesas de ½ pulgada. Retire las pechugas de la sartén y déjelas aparte.

Ponga en la sartén los pimientos cortados en rebanadas, las salchichas, el ajo y la cebolla junto con el resto del pollo. Sazone y cocine 8 minutos a fuego lento. Regrese las pechugas de pollo a la sartén y cocíneles 4 minutos más. Acomode las piezas de pollo en un platón caliente. Agregue el vino a la mezcla en la sartén. Cocine 3 minutos a fuego alto, vierta sobre el pollo y sirva.

Pollo asado relleno con higos

Ingredientes

¼ taza mantequilla
6 pepinos pelados y cortados en cuatro
½ tallo de apio cortado en cubos
12 higos, frescos, pelados y picados grandes
Dientes de ajo pelado y cortado en rebanadas
½ cucharadita de mejorana
1 taza de arroz de grano largo lavado
2 tazas caldo de pollo caliente
1 pollo de 4 libras
Sal y pimienta

Preparación

Precaliente el horno a 425°.
Caliente una cucharada de mantequilla a fuego medio en una sartén, agregue el pepino, el apio y los higos y cocínelos 3 minutos, luego agregue el apio, el ajo y la mejorana. Revuelva y cocine 2 minutos.
Agregue el arroz y revuelva bien, cocine 2 minutos.
Viértale el caldo de pollo, sazone bien y deje hervir.
Tape y cocine 20 minutos a fuego muy lento.
Limpie el pollo y séquelo muy bien, sazónelo por dentro y por fuera. Rellénalo con la mezcla de higos y átelo para asarlo.
Acomode el pollo en un molde untado con mantequilla. Úntele sobre la piel la mantequilla restante. Horneé por 20 minutos.
Disminuya el fuego a 350°. Horneé el pollo por 1 ¼ hora, bañándolo cada 10 minutos.
Si es necesario, ajuste el tiempo de cocción al tamaño del pollo. Si le agrada, sírvalo con una salsa.

Guinea guisada al vino

Ingredientes

1 guinea

1 taza de vino tinto seco o jerez

2 cucharaditas de sal

Pimienta al gusto

1 cebolla picadita

1 ají picadito

4 tomates picaditos

5 dientes de ajo majados

½ taza de vino tinto seco o jerez

Preparación

Corte en piezas la guinea y lave bien, sazone con sal, pimienta y la taza de vino. Guárdela tapada en la nevera para que se impregne bien del vino de un día para otro.

Al día siguiente, escurra bien del vino y reserve las dos cosas.

En suficiente aceite caliente dele color a la guinea poco a poco y luego agregue los sazones en la forma indicada, agregando poco de agua con el vino con que la adobó, según necesite para ablandar.

Ya casi blanda, agregue la media taza de vino y termine su cocción.

Pato al romero

Ingredientes

1 pato de 3 libras	1 hoja de laurel
1 cucharadita de sal	1 cebolla en ruedas
1 cucharadita de romero en polvo	1 ají en tiras
	5 tomates Barceló picados
1 cucharada de salsa inglesa	5 dientes de ajo majados
1 cucharada de vinagre blanco	2 zanahorias en ruedas
1 copa de vino tinto seco	1 paquete de vainitas
1 taza de agua	2 papas partidas en cuatro

Preparación

Sazone con tiempo el pato con los cincos primeros ingredientes después de lavado y partido en piezas, deje en reposo de un día para otro.

Escurra bien y dele color a las piezas.

Retire del aceite y saltee la cebolla, ají, laurel, tomates y ajo. Agregue de nuevo el pato y deje cocinar tapado a fuego lento hasta que ablande poniéndole chorritos de agua que habrá diluido con el caldo y lo echa donde quedó el sazón.

Antes de que termine la cocción, le agrega los vegetales.

Pavo con especias en salsa de chinola

Ingredientes
1 pavo de 8 a 10 libras
1 cucharada de mostaza Dijón
1 cucharada de sal
1 cucharadita de paprika
1 cucharadita de estragón
¼ taza de vinagre de vino
1 copa de vino blanco seco
1 ½ taza de jugo de chinola concentrado
½ paquete de tocineta entera
2 tazas de frutas frescas (la de su preferencia)

Preparación
Pique las frutas de su preferencia en la misma proporción. Ponga en un envase hondo la mostaza con la sal, especias y el vinagre, bata hasta unir bien. Coloque un poco dentro de la cavidad del pavo y rellene con las frutas, levantando con cuidado la piel que cubre la pechuga, embadurne con el sazón.

Cierre cuidadosamente la abertura del pavo, ya sea con pinchos especiales o cosida. Con las manos cubra generosamente el pavo por todas partes con el sazón restante. Una el vino con el jugo de chinola y vierta sobre el pavo que tendrá ya colocado en el molde o sartén, ponga la tocineta entera sobre la pechuga y parte superior del pavo.

Lleve destapado al horno previamente encendido a 400° hasta que coja un poco de color, luego tape y baje el fuego a 325° mojando con su salsa de vez en cuando hasta que el pavo esté cocido.

Bacalao con hinojos y vegetales

Ingredientes
2 libras de bacalao

2 cucharadas de margarina

½ pimiento amarillo y rojo en tiras

1 cebolla pequeña en ruedas

1 lata de alcachofas

1 ramito de hinojo

5 aceitunas picadas

1 ½ taza de crema de leche

1 copa de vino blanco

1 cucharadita de perejil picado

½ cucharadita de curry en polvo

1 cucharadita de ajo

Pimienta al gusto

Preparación
Desale el bacalao y luego lo hierve por 5 minutos sin dejar desbaratar. Derrita la margarina, coloque el bacalao y dele color por ambos lados.

Agregue los pimientos, cebollas, hinojo, aceitunas, especias, ajo y pimienta.

Coloque encima las alcachofas y viértale la crema de leche unida con el vino. Tape y deje cocinar hasta que la salsa espese un poco.

Carite en crema de hongos

Ingredientes
1 carite de tres libras
1 cucharadita de sal
Pimienta al gusto
½ taza de jugo de limón agrio
2 cucharaditas de aceite de oliva extra Virgen
1 cebolla en ruedas
1 pimiento rojo en tiras
6 dientes de ajo majados
1 atado de perejil picadito
2 hojas de cilantro ancho picadito
3 hojas de salvia
1 ramita de romero
4 hojas de albahaca
1 lata de sopa de crema de hongos
2 copas de vino blanco seco
2 tazas crema de leche

Preparación
Limpie bien el pescado y sazone con sal, pimienta y jugo de limón agrio. Coloque en un envase hondo.
Caliente el aceite y saltee todos los vegetales, gregue la sopa, el vino y la crema de leche.
Deje hervir un poco e incorpore el pescado.
Tape y lleve al horno a 375° por espacio de 35 a 40 minutos hasta que esté haya cocido mojando 2 ó 3 veces durante la cocción de su salsa.

Ceviche de pescado fresco

Ingredientes

1 ½ libras de filete de pescado fresco cortado en trocitos pequeños

6 limones agrios grandes

1 ½ tazas de tomates pelados sin semillas y picaditos

2 cucharadas de cebolla picada

¼ cucharadita de pimienta

1 ½ cucharadita de sal

4 cucharadas de aceite de oliva

1 pimiento verde picado

1 pimiento rojo picado

3 cucharadas de hojas de hierbabuena picadas

Tabasco al gusto

Preparación

Ponga el pescado en un envase de cristal y añádele el jugo de limón agrio. Llévelo a la nevera por una hora.

Pasado ese tiempo, escurra el pescado muy bien dejándolo en un colador hasta que suelte todo el líquido.

Añádale los demás ingredientes. Revuelva bien.

Sirva bien frío sobre hojas de lechuga.

Filete de mero a la naranja

Ingredientes

3 filetes de mero

2 naranjas en jugo

1 copa de licor de naranja

2 cucharadas de crema de leche

1 cucharadita de sal

Pimienta al gusto

Harina

Margarina

Preparación

Salpimentar los filetes. Páselos por harina y fríalos poco a poco en margarina. Agregue a la sartén todos los filetes. Ponga el licor de naranja e incline un poco para flamear. Cuando se apague la llama, saque los filetes y reserve.

Echar el jugo de las naranjas con la crema de leche. Mezcle y baje el fuego para dejar espesar sin dejar de mover.

Ponga de nuevo los filetes al fuego en la sartén y deje cocer unos minutos dándole vuelta.

Sirva seguido con su salsa y decorado con rodajas de naranja.

Pescado con salsa de jengibre

Ingredientes
2 libras de filete de mero

2 cucharadas de harina

1 cucharadita de sal

Pimienta al gusto

2 cucharadas de margarina

1 cucharada de cebolla picadita

1 cucharada de perejil picado

1 cucharadita de jengibre en polvo

½ lata de leche evaporada

½ cucharadita de sal

Preparación
Fría en abundante aceite caliente.

Para la salsa
Saltee en la margarina la cebolla y el perejil, agregue la leche, jengibre, sal y deje hervir un poco. Vierta sobre el pescado caliente.

Albóndigas de pescado en salsa de queso y puerro

Ingredientes
1 Libra de filete de pescado Dorado
1 huevo
1 clara de huevo
½ taza de crema de leche
2 cucharadas de brandy o vino blanco seco
2 cucharadas de perejil picadito
Sal y pimienta de cayena
Nuez moscada
⅓ taza de puerro picadito
(Solo la parte verde)
Aceite
2 cucharadas de mantequilla
1 cucharada de harina
1 taza de consomé de pollo
1 taza de queso gouda añejado rallado

Preparación
Mezcle pescado, huevo, clara de huevo, crema de leche, brandy, sal, pimienta, nuez moscada y forme bolitas de una pulgada, dórelas en aceite caliente por 3 minutos y escúrralas.

En la mantequilla dore la harina y agréguele el consomé, deje espesar. Sazone con sal y nuez moscada. Agréguele el puerro y las albóndigas y esto póngalo en un molde, échele el queso gratine y sirva.

Bistec de ternera

Ingredientes
6 bistec de ternera

1 cucharadita de sal

1 cucharadita de mejorana

Pizca de pimienta

3 cucharadas de margarina

1 cebolla en ruedas

½ taza de Vermouth blanco seco

1 cucharada de perejil picado

Preparación
Golpee ligeramente los bistec y sazone con sal, pimienta y mejorana. Derrita la margarina y fría los bistec de dos en dos por ambos lados.

En la misma sartén, saltee la cebolla y cocine removiendo. Agregue el Vermouth y siga cocinando hasta que la salsa espese. Bañe la carne con esta salsa y rocíe con el perejil picadito.

Nota: *El Vermouth es un licor aperitivo.*

Boliche

Ingredientes
1 boliche grande de 4 libras
¾ cucharadita de comino
1 cebolla mediana rallada
3 ajíes gustosos majados
1/ cucharaditas de jengibre en polvo
1 caldo de pollo desbaratado
1 ½ cucharadita de sal
2 cucharadas de salsa inglesa
⅓ taza de jugo de naranja agria
1 copa de vino blanco

Preparación
Mezcle todos los ingredientes del relleno.
Haga al boliche una inserción a lo largo y rellene con la mezcla preparada. Una todos los ingredientes de los que siguen al boliche, menos el vino.

Sazónelo después de rellenarlo y llévelo preferiblemente de un día para otro a la nevera.
Ponga en un pyrex al día siguiente.
Una al sazón el vino y ponga tapado al horno hasta que al pinchar este salga con suavidad y bote el líquido rojizo. Destape para dejar dorar sin que se seque la
salsa.

Pescado con salsa de ajonjolí

Ingredientes
1 ½ libras de filete de mero, chillo o merluza
⅓ tazas de aceite de oliva
¼ taza de almendras
3 dientes de ajo grandes picaditos
Para sazonar:
3 cucharadas de aceite de oliva
3 cucharadas de jugo de limón
1 cucharadita de sal
½ cucharadita de pimienta
Para la salsa
⅓ taza de pasta de ajonjolí
⅓ taza de agua
2 cucharadas de jugo de limón
¼ cucharadita de pimienta de cayena
Sal

Preparación
Sazonar el pescado y dejar reposar por 1 hora, colocado en un molde con todo el sazón. Llevarlo al horno por 15 minutos a 450º a medio tapar.
Freír las almendras en el aceite hasta dorarlas y reservarlas. En el mismo aceite sofreír el ajo a fuego lento por 5 minutos.
Licuar los ingredientes de la salsa junto al aceite y ajo, llevar al fuego a espesar, bañar el pescado con esta salsa, adornar con las almendras.

Pescado al coco

Ingredientes
1 chillo de 3 a 4 libras sin escamas

1 cabeza de ajo

3 cucharaditas de sal

2 cucharadas de jugo de limón

½ cucharadita de orégano

Pimienta negra al gusto

Harina de trigo para rebozar el pescado

¾ taza de aceite

Preparación
Lave el pescado y seque bien con un paño. Maje el ajo con la sal y adicione el jugo de limón, el orégano y la pimienta.

Unte esto al pescado y deje marinar por una hora como mínimo dentro de la nevera.

Al momento de cocinar envuelva el pescado con harina y fría en el aceite bien caliente, dore y volteé con cuidado de no sobre cocinar.

Saque y reserve.

Ingredientes para la salsa

1 cebolla roja grande cortada en ruedas

1 pimiento rojo cortado en ruedas

1 pimiento verde cortado en ruedas

½ libra de tomates Barceló pelados y cortados en gajos

1 hoja de laurel

2 cucharadas de puerro picado

1 taza de agua

1 cucharada maicena

½ taza de leche

¼ taza de leche de coco

1 ramito de perejil picado

Preparación

En el mismo aceite donde preparó el pescado saltee las cebollas hasta dorar ligeramente.

Adicione los pimientos, los tomates, el laurel y el puerro.

Disuelva aparte en el agua, el caldo de pollo y la maicena.

Agregue la mezcla de los vegetales y cocine a fuego lento. Por último agregue las dos leches y deje espesar un poquito.

Coloque el pescado en una fuente y cubra con la salsa.

Decore con perejil picado.

Rollos de carne en salsa agridulce

Ingredientes
1 libra de carne de cerdo molida de primera
1 libra de carne de res molida de primera
½ libra de jamón bolo cocido
¼ cucharadita de sal
1 ½ tazas de galletas de soda molidas
1 taza de leche
1 huevo batido completo
¼ cucharadita de salsa picante
Aceite
Ingredientes para la salsa
1 lata de sopa de tomate
1 taza de azúcar crema
⅓ taza de vinagre blanco
1 cucharadita de mostaza

Preparación
Mezcle los ingredientes de la salsa y deje a un lado.

Precaliente el horno a 350°.

En un tazón mezcle los ingredientes de las carnes en el mismo orden que aparecen y haga rollos al tamaño de ⅓ taza de medir. Mezcle con las manos ligeramente engrasadas con aceite.

Salen unos 24 rollos.

Coloque los rollos en un molde de 13 x 8 previamente engrasado y sobre estos vierta la salsa agridulce. Hornee por 30 ó 40 minutos.

Albóndigas de carne con berenjena

Ingredientes
½ libra de berenjenas picaditas

1 libra de carne de res molida

1 cebolla picadita

1 huevo batido

1 cucharadita de perejil picadito

1 cucharadita de mejorana picadita

1 cucharadita de malagueta molida

¼ taza de pan rallado

Sal y pimienta

Aceite para freír

Preparación
Ponga la berenjena a cocinar a vapor hasta que ablande.

Mézclela con el resto de los ingredientes, forme bolitas de una pulgada y dore en el aceite.

Sirva con Taini.

Filete a la margarina y pimienta

Ingredientes
1 filete de res de 2 libras

5 cucharadas de margarina

1 cucharadita de ajo

6 cucharaditas de pimienta

1 cucharadita de sal

Salsa

1 copa de vino tinto

½ taza de consomé

½ cucharadita de maicena

Consomé

1 taza de agua

1 tableta de caldo de pollo

Preparación
Se toman 3 cucharadas de margarina, el ajo, la pimienta, la sal y se hace una pasta. Ésta se le pasa por encima al filete y se deja reposar por 20 minutos.

Se diluye la tableta de caldo de pollo en la taza de agua a fuego lento.

Se prepara la salsa y se coloca aparte.

Luego en una sartén se sofríe el filete en 2 cucharadas de margarina. Una vez cocido se parte en lonjas y se le agrega la salsa ya preparada. Se adorna con perejil.

Filete de cerdo con romero

Ingredientes
1 filete de cerdo

½ cucharadita de sal

Pimienta al gusto

3 cucharaditas de aceite de oliva virgen

1 ramito de romero fresco entero

2 onzas de filetes de anchoa

4 dientes de ajo majados

1 cucharada de vinagre balsámico

1 copa de vino blanco seco

Preparación
Limpie bien el filete y sazone con pimienta y sal. Ponga a calentar el aceite y dele color al filete por ambos lados.

Deje cocinar al término de su preferencia. Cuando esté listo, retire de la sartén y añada el ajo, anchoas, romero y una bien para luego agregar el vino y el vinagre.

Incorpore de nuevo el filete , dele unas vueltas para que recoja los sabores y tape por 5 minutos para que cocine un poco más a fuego lento sin dejar quemar.

Filete en salsa de chinola

Ingredientes

1 filete de res de 2 ½ libras

1 cucharadita de sal

Pimienta al gusto

Tiras de tocineta

1 taza de jugo de chinola concentrado

¾ taza de caldo de pollo

1 copa de vino tinto seco

1 cucharadita de maicena

2 cucharadas de aceite

1 cucharada de margarina

Preparación

Limpie el filete y parta en medallones de ½ libra cada uno. Maje un poco cada medallón con las palmas de las manos y sazone con sal y pimienta poniendo alrededor tiras de tocineta sujetadas con un palillo.

En aceite verde y margarina caliente, fría cada medallón al término de su agrado. Reserve.

En ¾ taza de agua diluya medido caldo de pollo y mezcle con el jugo de chinola. Diluya la maicena y únale el vino. Póngalo a cuajar y vierta por encima los filetes calientes.

Hamburguesas

Ingredientes

2 libras carne molida
1 cucharada de sal
¼ cucharadita de pimienta de cadena
1 cucharada de salsa inglesa
1 cebolla
1 cucharadita de ajo majado

½ cucharadita de tomillo en polvo
1 cucharadita de albahaca en polvo
1 huevo
2 cucharadas de crema de leche

Preparación

Ponga todos los ingredientes en el tazón de su batidora y mezcle bien. Forme las hamburguesas y las fríe si las va a usar de una vez.

Si decide refrigerarlas, póngalas en bandejas desechables, separándolas con papel encerado, luego las cubre con papel de aluminio y las lleva al freezer a congelar. Al momento de usarlas las saca con tiempo para dejar que se descongelen y puedan freír. Ya fritas tome el pan de hamburguesas y úntele margarina.

Colocar una hoja de lechuga, carne, una rueda de tomate, una lonja de pepinillo, una rueda de cebolla, mayonesa y cátchup al gusto.

Cubra bien con la otra parte del pan, envuelva en papel de aluminio (para que quede más fresca la lechuga) y lleve al horno a calentar.

Jamón ahumado asado

Ingredientes

1 jamón ahumado
Clavos dulces
1 taza azúcar parda
½ taza jugo de piña
1 taza de ginger ale

½ taza de vino tinto
½ cucharadita de jen-
gibre en polvo
Piña en ruedas
Cherries y ciruelas

Preparación

Coloque en un molde para asar y destapado el jamón entero con el lado de la grasa hacia arriba. El tiempo de cocción depende del tamaño del jamón: de 18 a 20 minutos por libra a 350° con el horno previamente caliente.
Unos 20 minutos antes de terminarse de hornear saque del horno y con una cuchara y retire la grasa.

Quítele el pellejo al jamón y con un cuchillo afilado corte en rombos la grasa de arriba sin profundizar demasiado, inserte los clavos en las intersecciones de los rombos, ponga piña, ciruelas y cherries de una manera bonita. Una bien el azúcar, jugo, vino, ginger-ale, jengibre y vierta sobre el jamón.

Lleve de nuevo al horno y a la misma temperatura para dejar asar, por media hora más o hasta que la superficie esté brillante y glaseada y sin dejar quemar.
Prepare preferiblemente de un día para otro.

Torta de carne con tomate

Ingredientes

2 libras de carne molida
8 panes de agua viejo
1 cebolla redonda
1 huevo
1 caldo de pollo
1 cucharada de salsa de soya

¼ taza de leche
¾ cucharadita de sal
Queso tipo Danés
Tomates en ruedas
1 lata jugo de tomate
1 cucharada de margarina

Preparación

Mojar los panes y exprimir bien y quitar la parte dura. Únalo bien a la carne hasta que desaparezca completamente.

Diluya el caldo en la leche.

Únale a la carne el huevo, salsa de soya, sal y mezcle bien, luego la leche. Forme unas albóndigas grandes y aplaste hasta que formen unos redondeles. Coloque en un pyrex engrasado. Sobre cada una ponga una lasca de queso y luego una rueda de tomate.

Vierta el jugo y disponga en diferentes partes la margarina. Lleve al horno a 375° tapada con papel aluminio hasta que la carne esté cocida.

Voltee y cocine por el otro lado hasta que esté dorada.

Entradas y Entremeses

Crepes

⅓ taza de harina
¼ cucharadita de sal
3 huevos
1 ½ cucharada de margarina derretida
1 ½ taza de leche

Preparación

Cierna la harina con la sal y con un batidor de alambre preferiblemente o un tenedor, bata en la mezcla los huevos hasta que forme una masa suave. Agregue la margarina derretida.

Poco a poco añada la leche hasta que esté todo suave. Lleve a la nevera tapada por dos horas aproximadamente.

Al momento de preparar, embadurne bien el fondo y los lados de una sartén de 7" con margarina derretida y deje a fuego bajo para que caliente bien.

Vierta ¼ taza de la mezcla. Levante ligeramente la sartén para que cubra bien el fondo y cocine a fuego lento hasta que la superficie esté firme y los lados ligeramente dorados por alrededor de tres minutos. Voltee y cocine por otro lado hasta que esté dorada. Repita hasta utilizar toda la mezcla poniendo un papel encerado. Sofreír cada crepe.

Puede conservarla en el freezer envueltas en papel de aluminio. Esta masa es básica tanto para crepes dulce como salados.

Dip de berenjenas

Ingredientes
1 Berenjena grande
1 cebolla blanca
2 dientes de ajo
Un poco de perejil
1 tomate Barceló
¾ cucharadita de sal

1 lata de sopa de
crema de hongos
Pimienta al gusto
½ cucharadita de
nuez moscada

Preparación
Lleve la berenjena al horno previamente encendido a 400° hasta que al insertar un tenedor éste salga con suavidad. Retire, deje refrescar y pelar.

Parta la cebolla y berenjena en pedazos y ponga junto a todos los demás ingredientes en la licuadora hasta que quede todo bien licuado. Este dip es sabroso para acompañar con palitos de apio, zanahoria o galletitas.

Dip de camarones
1 taza de crema espesa
8 onzas de queso
crema
1 cucharadita de jugo
de limón
1 cucharadita de cebo-
lla rallada

1 cucharadita de salsa
inglesa
1 taza de camarones
cocidos, pelados y pi-
cados pequeño
Sal y pimienta al gusto

Preparación
Creme el queso y únale la crema espesa junto a los demás ingredientes mezclando bien. Lleve a la nevera a enfriar y sirva acompañado de galletitas o barquilleros.

Dip de garbanzos

Ingredientes
1 lata de garbanzos pelados y escurridos
1 lata de sopa de crema de apio
3 cucharadas de jugo de limón agrio
3 dientes de ajo majados
1 cucharada de aceite de oliva
Pimienta al gusto
½ taza de almendras picadas

Preparación
En la licuadora o el procesador de alimentos, ponga todos los ingredientes y licúe hasta obtener una pasta suave. Lleve a la nevera.
Sirva con vegetales crudos o pan pita.

Dip de ricotta

Ingredientes
1 cebolla bien picadita
4 onzas de crema de leche
½ cucharadita de pimienta blanca
1 taza de queso ricotta
Sal al gusto
Preparación
Mezcle bien todos los ingredientes.
Sirva sobre panecillos o galletas saladas.

Empanadas

Ingredientes
1 ½ tazas de harina

½ cucharadita de sal

1 cucharada de azúcar

4 cucharadas de manteca vegetal

1 huevo

3 cucharadas de vino seco

Preparación
Cierna la harina con sal y azúcar. Añada la manteca vegetal y corte con dos tenedores hasta que esté como boronilla. Hágale un hueco en el centro y póngale el huevo batido y el vino. Revuelva hasta que esté todo unido.

Tome la masa por parte y extienda lo más fina posible con el bolillo sobre una mesa enharinada.

Antes de rellenar las corta del tamaño que desee. Póngale el relleno de su preferencia.

Puede rellenar con carne molida, pollo, pescado, cangrejo, bacalao, vegetales, queso, y mermeladas.

Dóblela y cierre bien los bordes, sellándolos con un tenedor.

Fría en abundante aceite caliente hasta que doren.

Panes y quesos

Coffee cake sencillo

Ingredientes para la masa

3 tazas de harina

½ taza de azúcar

¼ cucharadita de sal

3 ½ cucharadita de polvo de hornear

2 huevos

1 Barrita de mantequilla

⅔ taza de leche

Ingredientes para el relleno

1 ½ Barrita de mantequilla

½ taza de azúcar

1 taza de pasas sin semilla

Azucarado

½ taza de azúcar en polvo

1 cucharadita de agua

Preparación

Cierna la harina con azúcar, sal y polvo de hornear.
Bata la mantequilla con los huevos y la leche.
Añada estos ingredientes a la harina. Amáselos con
un poco de harina, procurando que no se pase de ¼
de taza.
Extienda la masa con el bolillo dándole una forma
rectangular con ¼ pulgada de espesor.
Con la masa extendida y para poner el relleno, úntele con la mantequilla acremada, espolvoree con
azúcar y canela.
Extienda las pasas sobre la masa y enrolle como si
fuese "Brazo gitano" sellando los bordes para que
no se salga el relleno. Parta en nueve pedazos de
igual tamaño. Colóquelos en un molde rectangular
bajito procurando que la parte cortada quede hacia
arriba.
Horneé a 375° con el horno previamente caliente
por 30 minutos aproximadamente.
Para el azucarado, mezcle bien los ingredientes.
Cuando saque del horno y ya refrescada las cubre
con esta mezcla que tendrá preparada.

Masa danesa

Ingredientes
¼ taza de agua tibia
1 ½ cucharadita de azúcar
3 cucharadas de levadura
½ a ¾ taza de margarina o manteca vegetal
2 ½ tazas de leche caliente
2/4 a ⅔ taza de azúcar
1 cucharadita de sal
½ cucharadita de esencia de almendra o vainilla
3 a 4 yemas batidas
9 tazas de harina cernida

Preparación
En el agua disuelva el azúcar y rocíe por encima la levadura. Deje reposar 10 minutos en un lugar seco. Mientras tanto ponga en un tazón la margarina, leche, azúcar, sal y esencia. Revuelva bien y agregue las yemas batidas y la levadura crecida.
Luego, agregue en dos tandas la harina cernida.
Revuelva bien. Amase de 8 a 10 minutos. Engrase un tazón y ponga la masa. Dé la vuelta para engrasar del otro lado. Tape. Deje crecer de 1 ½ a 2 horas. Al finalizar este tiempo amase fuerte 5 a 10 minutos y forme los bollos o tortas.
Nota: Con esta masa pueden hacerse gran cantidad de tortas y panecillos. A esta masa se le puede añadir ralladura de naranja o limón o algún sabor de especie o esencia.

Pan de guineo

Ingredientes

2 tazas de harina

3 cucharadas de polvo de hornear

½ cucharadita de sal

½ taza de azúcar parca

1 cucharadita de canela

2 huevos

⅓ taza de margarina derretida

1 taza de guineo majado maduro con un chorrito de limón

Preparación

Cierna los cinco primeros ingredientes.

Bata los huevos y vaya agregando el resto de los ingredientes. Por último los secos cernidos.

Ponga en un molde para pan engrasado y enharinado.

Lleve al horno a 350° por 50 minutos aproximadamente.

Este pan puede servir como postre o en desayuno.

Palitos de mozzarella

Ingredientes

1 taza de harina

½ cucharadita de polvo de hornear

⅛ cucharadita de bicarbonato de sodio

¾ cucharadita de sal

Pizca de pimienta blanca

1 taza de cerveza

4 taza de aceite

1 clara de huevo

1 libra de queso mozzarella cortado en palitos

Preparación

Cierne en una fuente los ingredientes secos.

Agregue lentamente la cerveza y bata enérgicamente con un batidor de alambre. Deje reposar por espacio de 1 ½ horas.

Bata las claras de huevo dentro de la mezcla y sumerja los palitos de mozzarella, escurriendo para eliminar el exceso.

Fría en las 4 tazas de aceite hasta que estén doradas.

Sirva seguido y acompañe con una salsa tártara.

Pan de pita

Ingredientes

2 ½ taza de harina integral o de trigo
1 taza de harina blanca de fuerza (con alto contenido en gluten)
1 cucharada de levadura seca
¾ taza de agua
2 cucharadas de aceite de oliva
Una pizca de sal marina

Preparación

Mezclar los ingredientes, amase 2 minutos y después de amasar y dividir en 10 porciones a las que se dará forma de bola; aplastar cada una de ellas con un rodillo hasta que adquiera 3 mm de espesor.

Dejar reposar las porciones obtenidas tapadas por un paño de cocina durante 20 minutos; una vez transcurridos, colocarlos en la bandeja del horno previamente aceitada y bien precalentada.

Hornear hasta que estén dorados los panes; este proceso también puede realizarse sobre una plancha caliente.

Voltear durante el proceso de horneado para que se haga por ambos lados.

Una vez concluido dicho proceso y el pan esté frío o se vaya a consumir, abrir los panes por la mitad. Esto permitirá servirlos rellenos de una infinidad de combinaciones: de vegetales, salsas, hamburguesas, etcétera.

Croquetas de Espinacas

Ingredientes

500 g o 1 libra de espinacas
1 ½ taza de leche descremada
1 cucharada de harina integral
1 cucharada de almendra peladas

1 pimiento morrón asado
1 cebolla
½ taza de pan rallado
1 huevo
3 cucharadas de aceite de oliva
Sal marina

Preparación

Pelar, lavar y rallar la cebolla. Lavar y cortar las espinacas. Hervir las espinacas con poca agua y a fuego lento y escurrir.

Calentar el aceite y rehogar la cebolla. Añadir la harina y remover durante dos minutos. Retirar del fuego e incorporar la leche fría poco a poco, sin dejar de mover para que no se formen grumos.

Volver a poner al fuego, agregar la sal y mover hasta que se espese la masa.

Incorporar las espinacas, las almendras y el pimiento morrón picado.

Cuando la masa se desprenda de la sartén verterla en un plato o fuente y dejar enfriar.

Tomar porciones de masa y darles forma de croqueta. Empanizar las croquetas con el huevo batido y el pan rallado.

Colocarlas en una bandeja que queden uniformemente doradas. Servir calientes.

Panecillos

Ingredientes
2 libras de harina (todo uso)

2 huevos

2 cucharadas de polvo de hornear

2 cucharadas de azúcar

1 taza de aceite vegetal

½ cucharada de sal

2 tazas de leche (preferiblemente agria)

Preparación
Ponga en un bol la leche, los huevos, la sal, el aceite, azúcar.

Tenga lista la harina con el polvo de hornear y sirva sobre los primeros ingredientes y mezcle en forma envolvente con una cuchara de madera hasta mezclar todo bien, sin amasar.

Tome pequeñas porciones y bolille con las palmas de las manos y colóquelos en moldes individuales engrasados, preferiblemente molde para Cupcakes.

Horneé a 350° por 25 a 30 minutos o hasta que estén cocidos.

Vinagretas

La vinagreta tradicional es una salsa fina elaborada a base de aceite, cebolla y vinagre.

Las alternativas que sugerimos a continuación conservan una acidez natural y saludable gracias al jugo de limón que además de aportar vitaminas estimula el apetito, favorece la absorción del hierro y facilita la digestión.

Son el aderezo perfecto de las ensaladas, verduras y legumbres.

Vinagreta agridulce de soya

Ingredientes
3 cucharadas de salsa de soya
3 cucharadas de jugo de limón
1 cucharada de miel
1 cucharada de aceite de ajonjolí
Sal marina

Preparación
Mezclar todos los ingredientes.

Vinagreta al limón

Ingredientes
2 cucharadas de limón
½ cebolla pequeña
3 cucharadas de aceite de oliva
Sal marina al gusto

Preparación
Batir todos los ingredientes (una vez lavados y troceados) con la batidora hasta obtener una mezcla fina y homogénea.

Vinagreta al orégano

Ingredientes
½ cucharadita de orégano
2 cucharadas de levadura de cerveza
1 diente de ajo machacado
Una pizca de comino molido
½ cucharadita de salsa de mostaza dulce
1 limón (jugo)
2 cucharadas de aceite de oliva
Sal marina

Preparación
Mezclar todos los ingredientes.

Salsa de remolacha

Ingredientes
2 zanahorias ralladas
1 remolacha hervida
¼ taza de tofu cremoso, yogur
1 cucharada de aceite de oliva
Perejil (o cilantro)
Sal marina

Preparación
Batir todos los ingredientes, excepto el aceite, que se añade en último lugar, de forma progresiva, a fin de obtener una salsa suave.

Salsa de ajonjolí

Ingredientes
2 cucharadas de Tahini

1 cucharada de pimentón dulce

2 cucharadas de jugo de limón

2 cucharadas de salsa de soya

2 cucharadas de aceite de ajonjolí

Preparación
Mezclar todos los ingredientes.
Sirve como aderezo de ensaladas y de verduras.

Ensaladas

Ensalada César

Ingredientes
2 dientes de ajo picaditos
1 latica de filetes de anchoa
1 cucharadita de mostaza
1 cucharada salsa inglesa
Pimienta al gusto
Yema de un huevo pasado por agua
1 cucharada de vinagre
¾ taza de aceite de oliva
Lechuga picada
Pan frito en cuadritos
Queso parmesano rallado

Preparación
Con un tenedor maje con el ajo los filetes de anchoa hasta que desbaraten bien. Agregue la mostaza y una. Luego la salsa inglesa, pimienta y siga uniendo con el tenedor. Le agrega la yema de huevo y vinagre, mezclando todo bien.

Por último, el aceite de oliva en forma de hilo como para hacer mayonesa, sin dejar de mover a medida que lo va echando.

Pone en una ensaladera las lechugas bien lavadas, secas y picadas. Le vierte la salsa, los panes fritos y mucho queso.

Una con la ayuda de dos cucharas. Sirva seguido.

Ensalada César con camarones

Ingredientes

½ libra de camarones
1 lechuga repollada, desbaratada, lavada, seca y partida en pedazos
3 dientes de ajo finamente picados
3 filetes de anchoa picaditos
1 cucharada de mostaza Dijón
¼ taza de jugo de limón
1 cucharadita de salsa inglesa
½ cucharadita de salsa tabasco
½ taza de aceite de oliva
½ taza queso parmesano rallado
Cáscara de un limón rallado
1 ½ taza de "croutons"
1 cucharada de queso parmesano

Preparación

Los camarones cocidos y pelados. La lechuga según está indicada coloca en una funda plástica cerrada y la pone a la nevera por lo menos una hora.

Bata junto el ajo, anchoa, mostaza, jugo de limón, salsa inglesa y tabasco en un envase mediano hasta que frene (puede ser en la licuadora o procesador de comida. Continúe batiendo mientras le va agregando el aceite en hilo fino hasta que espese. Agregue la media taza de queso. Cubra y refrigere por una hora si lo desea.

Al momento de servir, ponga la lechuga en una ensaladera. Agregue los camarones, cáscara de limón y "croutons". Una bien y rocíe con la cucharada de queso parmesano.

Ensalada Waldorf

Ingredientes
3 manzanas

¾ taza de apio

½ taza de maní

ó ½ taza de nueces

¼ ó ½ taza de salsa cocida

Preparación
Pele, limpie y corte las manzanas en cubos.
Limpie y corte el apio. Pique el maní o las nueces.
Una todos los ingredientes en una ensaladera y ade-
rece momentos antes de servir.

Esta edición de *Las recetas de doña Dulce*, de **Octavia Morillo de Amparo,** está disponible desde los primeros días de marzo 2023. millyduran@yahoo.com

Made in the USA
Middletown, DE
05 May 2023